Orbis

Hannes Lindemann

Das Anti-Streß-Programm

zur optimalen Bewältigung von Alltag und Beruf

Orbis Verlag

Unter Mitarbeit von
Dr. Ilse-Doris Lindemann

Sonderausgabe 1994 Orbis Verlag
für Publizistik GmbH, München

Satz: Fotosatz Völkl, Germering
Gesamtherstellung: Mohndruck
Graphische Betriebe GmbH, Gütersloh

ISBN 3-572-00673-2

Inhalt

Vorwort

Für die Gesundheit, für ihre Erhaltung und Wiederherstellung sowie für die Minderung oder Beseitigung von Krankheitsfolgen wurden 1988 in der Bundesrepublik Deutschland schätzungsweise 270 Milliarden DM ausgegeben. Zählt man den durch Krankheit bedingten Produktionsausfall hinzu, so steigt die Summe auf weit über 300 Milliarden DM. Obwohl die Menschen in den Industrieländern immer älter werden, scheinen sie, betrachtet man diese unvorstellbare Summe, mehr zu kränkeln als je zuvor. Wie erklärt sich dieser paradoxe Zustand? Die Antwort heißt vor allem Streß.

Ist unsere Einstellung zum Leben falsch? Haben wir uns noch nicht an das moderne Leben gewöhnt?

Streß ist eine modische Volks-»Krankheit« geworden, die kaum einen verschont und die kaum einer, der etwas auf sich hält, als gelegentlichen Entschuldigungsgrund ausläßt. Da Streß in der Regel eine selbst gewählte Leidensform und »hausgemacht« ist, hat sich praktisch jeder mit dieser modernen Seuche oder mit seiner eigenen trügerischen Lebenseinstellung auseinanderzusetzen. Eine Repräsentativumfrage – vom Bundesministerium für Jugend, Familie und Gesundheit in Auftrag gegeben – zeigt, daß mehr als die Hälfte der Erwachsenen in der BRD bei ihrer Arbeit »häufiger oder ab und zu in stärkere Belastungssituationen« gerät. Rund die Hälfte der Befragten ist sogar der Ansicht, man müsse sich mit gesundheitlichen Schäden durch berufliche Belastungen abfinden.

Aber das ist eine gefährliche Einstellung, gegen die man angehen sollte. Das vorliegende Buch, das sich auf Erfahrungen aus der Praxis stützt, kann hierbei helfen. Es weist eine Fülle von erprobten und bewährten Möglichkeiten der Streßbekämpfung und des Streßabbaus auf, von denen der Leser zu seinem eigenen Nutzen Gebrauch machen kann. Durch ein Mindestmaß an eigenen Bemühungen kann er den streßfördernden Umweltbedingungen entgegentreten.

Hierbei helfen ihm die Trainingsvorschläge, Tips und Programme dieses Buches, deren Hauptkomponenten die körperliche Bewegung, Ernährung und psychohygienische Maßnahmen sind.

ERSTER TEIL
Streß in unserem Leben

1. Was ist Stress?

Streß ist ein Wort, das unser Leben heute wie kaum ein zweites kennzeichnet. Das der zweiten Hälfte des 20. Jahrhunderts seinen Stempel aufgedrückt hat. Streß – Symbol des Raumzeitalters, aber auch Symbol des Menschen ohne Mitte, des getriebenen Menschen.

The stress, der Streß, le stress, el stress, lo stress, o stress – die meisten Länder der Erde haben das Wort übernommen. Sein Siegeslauf ist unaufhaltsam. Er ist so rasant wie ein Steppenfeuer. Wir gebrauchen das Wort so häufig, daß es fast schon streßt.

Aber so neu wie der Ausdruck Streß für uns ist, so alt ist sein Inhalt. Streß hat es zu jeder Zeit gegeben, und Streß wird es auch so lange geben, wie Leben auf dem Planeten herrscht.

Streß lauert an jeder Ecke

Wenn Streß zum Leben dazugehört, brauchen wir uns gar nicht mit ihm auseinanderzusetzen – könnte man meinen. Das aber wäre falsch. Denn was uns heute bis zur Unerträglichkeit belastet, was in unzähligen Fällen Krankheit und Tod hervorruft, ist das Zuviel, das Übermaß an Streß, dem wir ausgesetzt sind. Das moderne Leben mit seinen vielen unaufschiebbaren Terminen, mit den Dienstreisen auf überfüllten Straßen, mit der unerläßlichen beruflichen Weiterbildung nach Feierabend, mit der Reizüberflutung durch Massenmedien und dem Lärm und Gestank einer verseuchten Umwelt

– das Leben eines aktiven Menschen also scheint ein einziger, anhaltender Streß geworden zu sein. Zahllose Menschen im besten Alter sind sein Opfer geworden. »Unerwartet wurde aus unserer Mitte gerissen mein lieber Mann ...« liest man täglich in den Zeitungen.

Unerwartet? Ist ein solch plötzlicher Tod wirklich unerwartet bei dem heutigen Lebenstempo?

Wer überarbeitet ist, wer sich heruntergewirtschaftet hat, wird ein leichtes Opfer des Streß. Und Streß lauert an jeder Ecke. Im Straßenverkehr zum Beispiel.

Ein junger Referendar kam abends nach einem schwierigen Arbeitstag mit seinem Wagen an eine unübersichtliche Straßenstelle, als eine alte Frau sich unversehens anschickte, die Straße zu überqueren. Nur unter Aufbietung aller körperlichen Kräfte konnte er seinen Wagen abbremsen. Das Fahrzeug kam zwar nach einer halben Drehung zum Stehen, der Fahrer aber erlitt einen solchen Schock, einen solchen Streß, daß er Tage brauchte, um sich wieder davon zu erholen.

Eine Alltagssache. Gewiß. Aber mehrere derartige oder ähnliche Erlebnisse können bei jedem Menschen irreparable Schäden verursachen. Und unser Leben ist gespickt mit solchen Streßsituationen.

Wie man diese Situationen meistert, wie man Streßfolgen überwindet und dadurch seine Leistungskraft erhalten kann, werden wir in diesem Buch erfahren.

Hans Selyes Entdeckung

Die Geschichte des Streß ist im wesentlichen die Geschichte von Hans Selye. 1925 studierte er Medizin an der alten Deutschen Universität Prag. Als er die erste klinische Vorlesung hörte, so berichtet er später selbst, fiel ihm bei der Vorstellung von Kranken »im Frühstadium verschiedener Infektionskrankheiten« etwas auf, über das sein Lehrer, Professor von Jaksch, kein Wort verlauten ließ: Alle diese Patienten zeigten die gleichen Symptome – Fieber, Unwohlsein, belegte Zunge, Appetitlosigkeit, Schmerzen in Muskeln und Gelenken usw.

Da ein Arzt anhand dieser Anzeichen kaum eine Diagnose

stellen kann und da sie nicht auf eine bestimmte Krankheit hinweisen, spricht er von »unspezifischen« Symptomen. Sie treten in der Tat bei sehr vielen inneren Krankheiten auf.

Selye war damals noch sehr jung – er ist Jahrgang 1907. Seine Unvoreingenommenheit ließ ihn über etwas stolpern, das jedem Arzt vertraut war. Warum aber ein Mensch dieses »Syndrom des einfachen Krankseins«, wie er es später nannte, entwickelte, war zu jener Zeit unbekannt.

Zehn Jahre später stieß er wieder auf dieses Syndrom. Er arbeitete damals als Assistent an der biochemischen Abteilung der McGill-Universität in Montreal, Kanada, und zwar war er mit der Untersuchung von Sexualhormonen beschäftigt.

In der Hoffnung, ein neues Hormon zu entdecken, spritzte er Ratten Extrakte aus den Eierstöcken und aus der Nachgeburt ein, um anschließend zu untersuchen, wie die Tiere darauf reagierten. Und in der Tat, es traten immer die gleichen Reaktionen auf: Es kam zu einer Vergrößerung der Nebennierenrinde, zu einer Schrumpfung der Thymusdrüse, der Milz, der Lymphknoten und zur Entwicklung von Geschwüren in Magen und Zwölffingerdarm. Selye zog den naheliegenden Schluß, in seinen Extrakten müßte sich ein bis dahin unbekanntes Hormon befinden.

Aber als er diese Reaktionen auch durch Extrakte der Hirnanhangdrüse und später noch durch Gewebeteilchen von Nieren, Milz oder anderen Organen ausgelöst sah, begann er an seinem Schluß zu zweifeln. In dieser trüben Stimmung fiel sein Blick zufällig auf eine Flasche mit Formalin. Formalin ist eine giftige Substanz, die in jedem Labor und Krankenhaus zu Desinfektionszwecken verwendet wird, aber auch ein Stoff, der in lebenden, für mikroskopische Untersuchungen benötigten Zellen Eiweiß ausfällt. Wenn »sein« Syndrom durch die verschiedensten Gewebeextrakte erzeugt werden konnte, müßte es doch auch durch Formalin zustande kommen können, überlegte Selye.

48 Stunden später fand er seine Vermutung bestätigt. Die Ratten hatten auf Formalin besonders stark reagiert: Wiederum war es zu einer Vergrößerung der Nebennierenrinde,

zu einer Schrumpfung der lymphatischen Organe sowie zu Magen- und Zwölffingerdarmgeschwüren gekommen.

Es fiel Selye anfangs schwer, den Traum von einer neuen Hormonentdeckung aufzugeben. Aber dann dämmerte es ihm: Vielleicht könnte die wissenschaftliche Klarlegung eines Syndroms für die Medizin viel entscheidender sein als die Entdeckung eines neuen Hormons. Plötzlich erinnerte er sich an die Szene im Hörsaal von Prag. Ob zwischen seinen beiden Beobachtungen vielleicht ein Zusammenhang bestand?

Das wäre eine ungeheuerliche Entdeckung. Von solchen Aussichten ermutigt, beschloß Selye, der Frage nachzugehen. So kam er dem Phänomen des Streß auf die Spur.

Ursachen eines Phänomens

Gewebeextrakte und Formalin hatten in Selyes Versuchen das Syndrom des einfachen Krankseins ausgelöst. Wie steht es nun mit anderen Stoffen? fragte er sich. Ist das Syndrom wirklich unspezifisch? In weiteren Experimenten fand er, daß auch Hormone das Syndrom hervorriefen, beispielsweise Adrenalin, ein Hormon des Nebennierenmarks, oder Insulin, ein Hormon der Bauchspeicheldrüse.

Seine folgenden Versuche zeigten, daß es nichts den Körper Schädigendes gab, was dieses Syndrom nicht auslösen konnte. Ob es nun überschwere Muskelarbeit war, ob übergroße Kälte oder Hitze, ob mechanische Verletzungen, Schmerzen, Blutungen – stets reagierte der Körper gleich: mit einer Vergrößerung der Nebennierenrinde, einer Schrumpfung der lymphatischen Organe und Geschwüren im Bereich von Magen und Zwölffingerdarm.

1936 veröffentlichte Selye in der Zeitschrift »Nature« seinen ersten Artikel über dieses Phänomen (»Ein Syndrom, das durch vielerlei schädliche Ursachen hervorgerufen wird«), nachdem er vorher schon in Vorträgen des öfteren darauf hingewiesen hatte. In Fachgesprächen hatte er das Syndrom als »biologischen Streß« bezeichnet, doch stieß dieser Ausdruck – wie übrigens auch sein Artikel – auf heftige Kritik.

Das Drei-Phasen-Prinzip

Jeder Körper reagiert, qualitativ gesehen, gleich auf schädigende Substanzen, quantitativ jedoch sind Unterschiede vorhanden. In seinem ersten Aufsatz bereits erwähnte Selye das oben beschriebene Syndrom als körperlichen »Ausdruck einer allgemeinen Mobilmachung der Verteidigungskräfte im Organismus«. Diese Mobilmachung der Verteidigungskräfte nannte er Alarmreaktion.

Daß der Körper nur eine begrenzte Zeit in diesem Alarmstadium verharren kann, ist selbstverständlich. Das heißt, bei massiver Schädigung kann der Organismus im Alarmstadium auch nach kurzer Zeit zugrunde gehen. Aber wenn die Schädigung nicht tödlich war, gelangt der Körper in das sogenannte Widerstandsstadium, in dem die Symptome der Alarmreaktion wieder zum Verschwinden gebracht werden sollen. Durch diese Widerstandsreaktion wird der Körper besser gegen eine erneute Schädigung gewappnet. »Alles, was mich nicht umbringt, macht mich stärker«, könnte man hier sagen.

Wenn aber das Maß voll ist, wird man nicht stärker, sondern fällt in das Stadium der Erschöpfung.

Diese drei Reaktionsphasen, das Alarmstadium, das Widerstandsstadium und das Erschöpfungsstadium, bezeichnete Selye als »allgemeines Anpassungssyndrom«.

Nicht bei jedem Streß werden diese drei Stadien durchlaufen; nur die wenigsten Reize sind imstande, auch das Erschöpfungsstadium auszulösen; der Grund dafür ist vor allem der, daß wir uns an sie gewöhnen. Gerade diese unterschwelligen Reize sind es, denen wir unsere Anpassung und Widerstandskraft verdanken.

Diese Tatsache spielt auch beim Sport eine Rolle. Ein 10000-Meter-Lauf führt auch bei einem trainierten Sportler zu einem Streßzustand in Muskeln und Kreislaufsystem. Es kommt hier zu einem um so stärkeren und längeren Erschöpfungsstadium, je weniger trainiert der Sportler ist. Da jedoch vorwiegend Muskeln und Kreislauf betroffen werden, ist dieses Erschöpfungsstadium nicht so strapazierend.

Wenn der Sportler wirklich trainiert ist, kann er nach einer kurzen Ruhezeit erneut an den Start gehen.

Das Drei-Phasen-Prinzip beherrscht die meisten unserer Tätigkeiten. Im Alarmstadium kommt man erst so richtig in Schwung, im Widerstandsstadium geht es gut voran, und im Erschöpfungsstadium schließlich ermüdet man. Wenn sich alle Anpassungsreserven erschöpfen, können nicht wiedergutzumachende Schäden entstehen. »Davon hat er sich nie wieder so richtig erholt«, heißt es im Volksmund. Daher forderte Goethe, jeder möge sich auf die ihm von der Natur zugestandenen Möglichkeiten beschränken. Das Mittelmaß ist ihm Garant der Gesundheit. Jede Überforderung trage den Keim der Zerstörung und damit der Krankheit in sich.

Selye ist davon überzeugt, daß jedem Menschen ein bestimmtes Quantum an Anpassungsenergie in die Wiege gelegt wird, das durch das Erbgut bestimmt ist. Von diesem Quantum muß er sein Leben lang zehren. Geht er verschwenderisch damit um, so altert er frühzeitig; gestaltet er dagegen sein Leben einförmig und reizlos, kann er lange von der ererbten Anpassungsenergie zehren. Für die Richtigkeit dieser Annahme spricht, daß besonders langlebige Menschen im allgemeinen in entlegenen Gebieten der Welt wohnen und übereinstimmend angeben, Ärger und Aufregungen, also Streß, hätten sie nie gehabt.

Selye fällt das Verdienst zu, diese früher nur wenig bekannten Tatsachen wissenschaftlich so belegt zu haben, daß die Versuche wiederholbar geworden sind. Und das ist das Wesen einer wissenschaftlichen Entdeckung.

»Was ist ein Name?«

In seinen ersten Veröffentlichungen sprach Selye von »schädlichen Stoffen«, die eine Alarmreaktion hervorrufen können. Im Verlauf seiner Untersuchungen aber erkannte er, daß nicht allein schädliche Agenzien diese Reaktion hervorzurufen vermögen, sondern auch physiologische sowie psychische Erlebnisse. So kann beispielsweise Muskelarbeit die Alarmreaktion in Gang setzen, desgleichen die Einwirkung von Kälte und Wärme.

Wiederum stieß er auf das Wort Streß. Im Englischen wird dieses Wort häufig verwandt. In der Technik wird es übersetzt mit Beanspruchung, Spannung oder Kraft ganz allgemein. Der höchste Streß ist im technischen Bereich dann erreicht, wenn ein zu prüfendes Material kurz vor der Bruchbelastung steht (rupture stress). In der Mechanik bedeutet streßfrei spannungsfrei. Die Unbilden der Witterung heißen im Englischen the stress of weather, die drückende Armut heißt the stress of poverty, und unter dem Druck der Umstände übersetzt man mit under the stress of circumstances. Selbst in der Medizin bediente man sich damals schon dieses Wortes: Man spricht beispielsweise seit langem vom nervous stress, der seelischen Spannung.

Streß ist ein Lehnwort aus dem Lateinischen und leitet sich von stringere, spannen, ab.

Trotz vieler Bedenken wählte Selye schließlich das Wort Streß zur Bezeichnung »der Summe aller unspezifischen Wirkungen von Faktoren, die den Körper beeinflussen können«. Diese Faktoren aber, die das allgemeine Anpassungssyndrom auszulösen vermögen – Muskelarbeit, Kälte, Wärme, Krankheitserreger, Medikamente, Drogen, Verletzungen usw. –, wurden von ihm als Stressoren bezeichnet. Stressoren also sind Reize, die im Körper Streß erzeugen.

Stressoren können natürlich auch psychologischer Natur sein, und sie können so stark sein, daß man sogar »vor Schreck tot umfallen« kann, wie in der schwäbischen Sage der Reiter vom Bodensee, als er vernimmt, er sei soeben ahnungslos über die mit Schnee bedeckte Eisfläche des zugefrorenen Sees gesprengt. Um durch Schreck oder Angst »tot umzufallen«, muß man in der Regel ein vorgeschädigtes Herz haben. Aber ganz selten kommt es auch vor, daß sogar ein gesunder Mensch vor lauter Angst stirbt, wie noch 1989 ein kleiner Bub im Zahnarztsessel.

Jedenfalls läßt sich vom Wort Streß sagen, daß es trotz aller Bedenken glücklich gewählt wurde und daß es sich in aller Welt durchgesetzt hat. Shakespeares Frage »Was ist ein Name?« läßt sich beantworten: Hier war er alles. Selye verdanken wir sicherlich, daß heute alle Welt von Streß spricht.

Die Notfallreaktion

Der Mensch reagiert auf Stressoren wie seine tierischen Vorfahren. Taucht plötzlich eine Gefahr auf, so mobilisieren Mensch und Tier im Nu alle verfügbaren Kräfte für den Notfall. Dem Tier stehen nur zwei Reaktionsmöglichkeiten offen: Kampf oder Flucht, fight or flight. Der Mensch aber hat im Grunde genommen auch nur diese zwei Möglichkeiten zu reagieren, obwohl er selten in der Lage ist, davon Gebrauch zu machen.

Wir alle kennen die Notfallreaktion aus eigener Erfahrung: Das Herz schlägt bei Gefahr augenblicklich schneller und kräftiger, es pocht uns bis zum Halse; wir beginnen schneller zu atmen. Durch diese Reaktionen wird garantiert, daß der ganze Körper rascher mit Sauerstoff versorgt wird.

Gleichzeitig treten im Blut Veränderungen auf, die unter anderem seine Gerinnungsfähigkeit fördern. Der Sinn ist dies: Wenn das Tier verletzt wird, gerinnt das Blut in den Wunden schneller, wodurch der Blutverlust eingeschränkt wird. Beim Menschen ist diese Veränderung insofern nicht ungefährlich, als sie das Herzinfarktrisiko erhöht.

Auch die Blutverteilung im Körper verändert sich in der Notfallreaktion: Das Blut fließt jetzt vermehrt aus Haut und Eingeweiden in die Muskeln. Denn von den Muskeln hängt es zum großen Teil ab, ob das Tier überlebt oder nicht. Die Muskelspannung ist dabei erhöht. Die Aufmerksamkeit ist gesteigert, die Pupillen sind geweitet.

Über das vegetative, das unwillkürliche Nervensystem schütten Nebenniere und bestimmte Nerven in stärkerem Maße die Hormone Adrenalin und Noradrenalin aus, wodurch alle diese Reaktionen ausgelöst werden. Zusätzlich werden Kohlenhydrate mobilisiert, so daß das Blut vermehrt mit Zucker, dem Energiestoff, versorgt wird. Diese fight-or-flight-reaction wurde schon von dem Physiologen Walter B. Cannon (1871–1945) aus Boston beschrieben. Er hatte auch schon entdeckt, daß alle diese Reaktionen bei Wut- und Angstzuständen sowie bei intensivem Schmerz auftreten.

Die weitere und systematische Erforschung dieses Phänomens jedoch geht vor allem auf Selye zurück. Während dieser Reaktionen – so erkannte man später – wird auch Fett aus den Depots mobilisiert, wodurch der Körper ebenfalls auf Muskelaktivität vorbereitet wird.

Örtlicher Streß

Wenn schädliche Stoffe oder ein Dorn in die Haut eindringen, kann es zu einer Entzündung kommen, die als lokales Anpassungssyndrom zu verstehen ist. Die Entzündung ist also die Reaktion auf örtlichen Streß, sie ist »eine örtliche Reaktion auf Schädigung«. In der Entzündung zeigt sich die Abwehrreaktion – der Kampf – des Organismus. Die gestreßten Gewebe senden chemische Alarmsignale ins Blut. Die Hirnanhangdrüse (Hypophyse) sondert sofort ein entzündungshemmendes Hormon (ACTH) ab, das wiederum die Nebenniere veranlaßt, ihrerseits entzündungshemmende Hormone (Cortison u. a.) auszusenden.

Auch bei einer Entzündung kann man die drei Phasen unterscheiden. Auf das Stadium des Alarms folgt das Widerstandsstadium und unter Umständen das Erschöpfungsstadium, in dem es zum Absterben einiger örtlicher Zellen kommt. Starker örtlicher Streß kann natürlich auch allgemeinen Streß erzeugen.

So wie die Entzündung die Reaktion auf lokalen Streß ist, ist der Schock die Antwort auf intensiven allgemeinen Streß. Verschiedenartige Kombinationen dieser beiden Hauptreaktionen sind in vielen Krankheiten zu erkennen.

Streß wirkt bei jeder Krankheit mit

Das Leben ist ein dauernder Anpassungsprozeß. Jedem Reiz versucht sich der Körper anzupassen, jedem Stressor. Ganz gleich, ob ich hungere oder ob ich mich überesse, ob ich mich ärgere oder ob ich mich freue, ob ich eine verkehrsreiche Straße überquere oder ob ich mich mit 170 Stundenkilometern auf der Autobahn an der Geschwindigkeit berausche – »jede Gemütsbewegung und jedes Tätigsein verursacht Streß«, sagt Selye. Die Antwort des Körpers ist stets Mobilisierung von Kräften. Das ist niemals ein rein körperlicher

Vorgang: Jeder Stressor löst körperliche *und* psychische Reaktionen aus. Die Alarmreaktion macht sich auch psychisch bemerkbar; wir haben es alle schon selbst erlebt, wenn wir beispielsweise vor Angst zittern. Der Körper, der Organismus, ist beseelt; eine isolierte Reaktion von Körper oder Psyche auf Stressoren ist nicht möglich.

In diesem Sinn ist Streß als ursächlicher Faktor bei jeder Krankheit nachzuweisen oder »ein jeder Krankheit innewohnendes Element«, wie Selye sich ausdrückt. Sowohl Körper wie Psyche versuchen unter Streß, die gestörte Ordnung wiederherzustellen. Solange Leben in einem ist, spielt diese Selbstheilungstendenz eine wichtige Rolle.

Das Ergebnis aus Streß und Selbstheilungsversuch ist das jeweils vorliegende Krankheitsbild. Krankheit ist also immer auch eine Leistung, wofür die Griechen sogar ein eigenes Wort hatten (pónos). Wenn die Widerstandskraft des Menschen erlahmt, wird der Kampf um die Gesundheit, um die alte Ordnung, schwächer, bis schließlich, beispielsweise im hohen Alter, Krankheiten völlig undramatisch verlaufen und ohne großen Kampf zum Tode führen.

Jedes Leben ist ein überaus komplizierter Balanceakt. Denn es ist nicht so, daß stets nur ein einziger Stressor auf uns einwirkt. Nur allzu oft versuchen verschiedene Stressoren gleichzeitig, das Gleichgewicht zu stören. Es leuchtet ein, daß in solchen Phasen kleine sich aufpfropfende Reize genügen, um Krankheitssymptome hervorzurufen.

Ein Beispiel dafür: Ein Angestellter, 46 Jahre alt, baut sich ein Haus – erster Streß. In seiner Dienststelle wird ihm ein neuer Aufgabenbereich zugewiesen, er ist den neuen Anforderungen noch nicht gewachsen, muß mehr arbeiten, fühlt sich unsicher – zweiter Streß. Er und seine Frau können sich über einige Einzelheiten ihres Bauvorhabens nicht einigen, es kommt zu Auseinandersetzungen – dritter Streß. Aus Zeitknappheit bewegt er sich jetzt weniger als sonst, Bewegungsmangel – vierter Streß. Dafür raucht er jetzt mehr Zigaretten – fünfter Streß. Kurz nachdem er einen kleinen Unfall verursachte – sechster Streß –, bekam er einen Herzinfarkt.

Jeder besonders starke Stressor ist ein Risikofaktor, das

heißt ein Faktor, der für das Auftreten einer Krankheit verantwortlich sein kann.

Gleiche Risikofaktoren lösen jedoch nicht bei allen Menschen die gleichen Krankheiten aus. Jeder Mensch hat sein schwaches Organ, bei dem einen ist es der Magen, bei dem anderen die Lunge, und beim dritten schließlich sind es die Gefäße. Diese Organe sind die schwächsten Glieder in der Kette der Körperteile, die den Organismus des Menschen ausmachen, und sie werden am ehesten durch Streß geschädigt. Soweit wir bis heute wissen, scheint dies für die meisten Krankheiten – auch für Krebs – zuzutreffen.

Vom heilsamen Streß

Nicht jeder Streß aber macht krank. Schon Selye wies darauf hin, daß positiver Streß, der sogenannte Eustreß, die Würze des Lebens sei.

Wenn man Ratten völlig streßfrei aufzieht, indem man sie nicht anfaßt, nicht in andere Käfige verpflanzt und sie automatisch füttert, bleiben sie in ihrer körperlichen und psychischen Entwicklung zurück. Sie legen ein scheues und verstörtes Verhalten an den Tag.

Ein amerikanischer Psychologe bot freiwilligen Versuchspersonen 20 Dollar pro Tag, damit sie an einem Experiment teilnahmen, bei dem sie möglichst frei von Stressoren gehalten wurden. Dabei ergab sich, daß alle Schwierigkeiten hatten, diesen Streß von Nicht- oder Nullstreß zu ertragen. Einer der Freiwilligen hörte vor der Zeit auf, verzichtete auf die 20 Dollar und nahm einen schlechtbezahlten Schwerarbeiterjob an, obwohl er wegen finanzieller Schwierigkeiten dringend mehr Geld benötigte.

Bei einem anderen Versuch wurden Freiwillige für längere Zeit ins Bett gepackt, alle Stressoren wurden von ihnen ferngehalten, sie wurden bestens verpflegt und dennoch: sie erkrankten. Schon nach sechs Wochen waren sie nicht imstande, länger als drei Minuten aus eigener Kraft zu stehen – ihr Kreislauf versagte. Frei von Streß im Sinne des Eustreß sein ist ein negativer Streß, durch den die Regelkreise des Lebensnervensystems aus der Übung kommen.

Streß gehört also zum Leben dazu. Streß ist Leben, sagt Selye. Heilsame Spannungen erzeugen Kraft, eben Spannkraft. Erst durch Streß in »normaler Dosis« können wir uns elastisch halten und uns anpassen. Ohne ein gewisses Maß an Streß können wir nicht gesund sein und gesund werden. Dieses Maß allerdings ist bei jedem Menschen verschieden. Man sollte es jedoch kennen. Wer seine Grenzen kennt, kann gezielt vorbeugen.

Gar nicht selten kommt es vor, daß Streß in einen Behandlungsplan eingebaut wird, beispielsweise wenn alte Menschen nach einer längeren Krankheit wieder fit werden sollen. Wenn solche Senioren sich schonen, wenn sie der eigenen Trägheit und Bequemlichkeit nachgeben, bleiben sie ein Wrack. Nur durch Anforderungen an sich selbst, durch heilkräftigen Streß, kommen sie wieder auf die Beine. Wer rastet, der rostet.

Leben ist kämpfen, schrieb Seneca. Das gilt für Tier und Mensch. Allein wir wünschten uns, daß bei dem Kampf ums Dasein nicht jedesmal erst der ganze Apparat der Notfallreaktion in Gang gesetzt würde.

Vom krankmachenden Streß

Krank macht ein Streß, wenn das allgemeine Anpassungssyndrom versagt, wenn es sich erschöpft. Selye hat vorgeschlagen, für diesen negativen Streß das Wort Disstreß einzuführen. Was der Laie also als Streß bezeichnet, ist im eigentlichen Sinne Disstreß. Das Wort leitet sich von dem lateinischen disstringere, auseinanderziehen, ab. Im übertragenen Sinne heißt es quälen und foltern. Disstreß ist mehr oder minder ein subjektives Gefühl: Wir entscheiden selber, ob und wie stark wir auf ihn reagieren. Das geschieht in der Regel automatisch und ist von unserem Gesundheitszustand, von der Erziehung und vor allem auch von unserer Erbanlage abhängig. Einige Stressoren oder Streßquellen allerdings beeinträchtigen alle Menschen, beispielsweise Lärm.

Sowohl intensiver wie lang anhaltender Streß kann krank machen. Meist wird man aber durch Streßsymptome wie zum Beispiel Nervosität vorher gewarnt. Wenn es so weit gekommen ist, daß solche Warnsignale auftreten, muß man seine Lebensweise umgehend überprüfen.

Jeder Mensch reagiert quantitativ verschieden auf Stressoren, ja, manch einer spürt gar nicht, daß er soeben beleidigt, gestreßt, wurde. Dummheit als Streßschutz. Es gibt aber auch Menschen, durch deren dickes Fell der Pfeil eines Stressors – und hier insbesondere eines psychischen Reizes – gar nicht dringen kann. Indolenz, Gleichgültigkeit als Streßschutz. Und hin und wieder begegnet man auch Menschen, deren psychisches Gleichgewicht zu stabil ist, als daß ein Stressor es stören könnte. Weiter ist es ein großer Unterschied, ob ein Stressor einen Menschen in der stabilen Phase am Ende eines Erholungsurlaubes trifft oder ob der gleiche Reiz kurz vor Antritt des Urlaubs auf ihn einwirkt. Der gleiche Mensch reagiert also auf den gleichen Reiz je nach körperlicher und psychischer Ausgangslage verschieden.

Das Leben stellt Anforderungen an jeden Menschen, die man als normal ansehen muß. Ohne diese Spannungen und Belastungen, ohne einen gewissen Streß – wir haben es schon gehört – wäre kein Leben möglich. Außer Zeit verschenkt das Leben nichts. »Nichts gab das Leben den Sterblichen ohne große Mühe«, wußte man auch schon früher. Wenn man in diesem Sinne bereits erzogen wird, empfindet man den Streß im späteren Leben selten als krankmachend. »Im Schweiße deines Angesichtes sollst du dein Brot essen«, lautet der Fluch, der bei der Vertreibung aus dem Paradies über den Menschen verhängt wurde. Wir vergessen ihn nur manchmal.

Wer von Kindheit an gewohnt ist, auch einmal zu verzichten, dem wird das Blut nicht gleich in Wallung geraten, wenn er später im Leben gestreßt wird. Er wird auch nicht gleich aus der Haut fahren, wenn er später zum Verzicht gezwungen wird. Doch es gibt viele Wege, die Schwelle des krankmachenden Stresses hinaufzusetzen, sich in Frustrationstoleranz zu üben.

Anpassungskrankheiten

Dem Menschen sagt man nach, er sei das Wesen mit dem größten Anpassungsvermögen. Aber hat er sich an die von ihm geschaffene Welt angepaßt? Stadtplaner, Architekten und Techniker haben eine Umwelt geschaffen, die es uns sehr schwer macht, gesund zu bleiben. Doch dieser Mangel an Anpassung ist hier nicht gemeint.

Wenn Stressoren – man kann sie auch Streßfaktoren nennen – auf den Organismus einwirken, kommt es, wie bereits geschildert wurde, über die Hormondrüsen und das vegetative Nervensystem im Organismus zu Reaktionen. Diese Anpassungsreaktionen können gerade ausreichend sein, sie können aber auch falsch gewählt sein, sie können unterschwellig wie überschwellig sein, zu schwach oder zu stark. Das würde bedeuten: die Reaktionen auf die Streßfaktoren können schlimmer sein als der ursprüngliche Streßzustand. Der Körper schadet sich in einem solchen Fall also selbst; es entstehen neue Krankheitsbilder, die Selye Anpassungskrankheiten nennt.

Ein »wandelndes Laboratorium«

Am Beispiel des Magens sei erläutert, wie psychisch ausgelöster Streß im Organismus körperliche Reaktionen hervorruft. Schon der Volksmund hat diese Zusammenhänge erkannt: »Das ist mir auf den Magen geschlagen« oder »Es lag mir wie ein Stein im Magen«, heißt es. Der verstorbene Forscher Harold G. Wolff hat zusammen mit seinem Mitarbeiter Stewart Wolf Versuche an einem Mann angestellt, der als »Tom« in die Medizingeschichte einging. Als Tom neun Jahre alt war, verbrannte er sich durch eine kochendheiße Miesmuschelsuppe so sehr die Speiseröhre, daß er sie nicht mehr gebrauchen konnte. In der Folgezeit kaute er seine Nahrung und spuckte sie dann in einen Trichter, von wo sie über eine Sonde durch eine künstliche Öffnung in seinen Magen gelangte. Als er sich aufgrund einer schweren Blutarmut ins Krankenhaus begeben mußte, erkannten die Ärzte die große Chance, die sich ihnen hier bot, und baten ihn, ihr »wandelndes Laboratorium« zu werden.

Durch die Magenöffnung – das Magenfenster – konnten die Forscher direkt die Magenschleimhaut und Magenbewegungen beobachten. Bei Ärger oder Bedrohung (psychischer

Streß) wurde Toms Magenschleimhaut rot, in die Haargefäße floß mehr Blut, und die Verdauungsdrüsen sonderten vermehrt Säfte ab. Dadurch wurde die dicke Magenschleimschicht, die als Schutzschicht fungiert, dünner. Dauerte der Ärger an, so wurden die Haargefäße brüchig, es kam zu kleinen Blutungen, die auch noch anhielten, als Tom sein inneres Gleichgewicht wiederfand. Daß auf diese Weise ein Magengeschwür entstehen kann, ist klar.

Vermehrte Blutzufuhr und Magensaftproduktion sind jedoch typische Anzeichen dafür, daß sich der Magen auf Essen einstellt. In der Vorgeschichte der Menschheit mag eine solche Reaktion zweckmäßig gewesen sein, nämlich dann, wenn sich das Tier nach einem Kampf, bei dem es seinen Gegner besiegt hatte, anschickte, ihn zu verzehren.

Heute ist eine solche Reaktion auf Streßfaktoren nicht nur wenig sinnvoll, sondern sogar schädlich.

Fühlte sich Tom traurig und nachdenklich, dann verzog sich das Blut aus der Magenschleimhaut, sie wurde blaß und sonderte keine Säfte ab, und nicht einmal der Geruch von Speisen konnte seinen Magen dazu anregen, seine normale Tätigkeit wieder aufzunehmen.

Das Beispiel Tom zeigt, wie sehr seelische Konflikte körperliche Störungen hevorrufen. Es deutet aber auch an, daß Magenkrankheiten sehr viel mit dem Charakter, mit dem Verhalten und mit den Affekten zu tun haben. Wir lernen aus diesem Beispiel: Affekte oder auch Konflikte dürfen uns nicht beherrschen, wir müssen mit ihnen fertig werden – durch Einsicht, Vernunft, Humor usw.

Magengeschwüre und Durchfall durch Streß

Auch Tierversuche haben ergeben, daß bei starkem Streß Magengeschwüre auftreten können. Beim Menschen jedoch verläuft das komplizierter, vor allem muß eine Anlage zu Magen- und Zwölffingerdarmgeschwüren hinzukommen.

Als Komplikation schwerster Krankheitsbilder ist das Magengeschwür nicht selten. Man spricht dann von einem sogenannten »Streß-Ulcus«. Hierbei führt massiver Streß – z. B. schwere Verbrennungen, Blutvergiftung, Unfälle, Operationen – zu Durchblutungsstörungen der Magenwand bei gleichzeitig gesteigerter Magensäureproduktion. Die Wirkung des normalerweise schützenden Magenschleims geht verloren; die Salzsäurebildung nimmt zu, so daß die Magenschleimhaut angedaut werden kann. Es kommt zu Blutungen, und sogar Durchbrüche in die Bauchhöhle – meist ganz »aus heiterem Himmel« – sind dann möglich.

So klar wie die Entstehung des »Streß-Ulcus« ist, so schwierig wird es, wenn man versucht, die Entstehung eines gewöhnlichen Magen- oder Zwölffingerdarmgeschwürs zu erklären. Einig ist man sich darüber, daß psychosoziale Stressoren – bei einer Anlage dazu – die Hauptrolle spielen. Die Ernährung spielt keine wesentliche Rolle. Daher dürfen Ulcus-Kranke essen, was sie wollen, allerdings sollten sie die Tagesration auf fünf bis sechs Mahlzeiten verteilen.

Bei Ulcus-Kranken mit psychosozialem Streß empfiehlt sich eine dreiwöchige Bettruhe. Dadurch wird der unausgesprochene Wunsch des Kranken nach Geborgenheit erfüllt, und seine der Krankheit vorausgegangene Konfliktdynamik wird entschärft. Diese Konfliktsituation wird am besten mit einem Arzt oder Psychologen durchgesprochen, in Wiederholungsfällen allerdings hilft vielleicht eine psychotherapeutische Behandlung.

Auch Angst und Spannung sind Streßfaktoren erster Ordnung. Die Angst kann zu Durchfall führen. Für uns ist interessant, daß nicht nur bestimmte Nahrungsmittel eine »durchschlagende« Wirkung haben können, sondern auch Stressoren – vor allem eben die Angst. Gezielter psychotherapeutischer Streßabbau kann manchmal die Symptome lindern. Ebenso hilft oft eine Diät – doch ist deswegen nicht an der psychogenen Entstehung des Leidens zu zweifeln. Ein Ulcus bekommt man nicht von dem, was man ißt, sondern von dem, was einen frißt.

Die häufigste Streßkrankheit

Eine Streßreaktion ist immer abhängig von der Dauer und Intensität des Reizes, der sie auslöst, sowie von der Persönlichkeit und von der körperlichen Veranlagung des Gestreßten.

Entscheidend dafür, ob sich ein Reiz negativ oder positiv auswirkt, ist das Ausmaß der physiologisch-chemischen Reaktion. Wie viele Reize zusammenwirken können, um ein Krankheitsbild zu erzeugen oder zu verschlechtern, zeigt die Arteriosklerose, die Verkalkung der Gefäße, an der bei uns knapp die Hälfte aller Menschen stirbt.

Das Krankheitsbild Arteriosklerose wird durch die Summe der verschiedensten Reize und Faktoren, die sogenannten Risikofaktoren, hervorgerufen. Zu ihnen gehören

- Rauchen,
- psychosozialer Disstreß,
- Zugehörigkeit zur Gruppe der ehrgeizigen, aggressiven, unruhigen »Typ-A-Menschen«,
- Bluthochdruck,
- Gicht, Diabetes, Unterfunktion der Schilddrüse,
- übermäßiger Verzehr von Fett,
- ein zu hoher Cholesterinblutspiegel,
- spezifische Veränderungen im Elektrokardiogramm,
- Alter sowie unter Umständen auch Übergewicht und Bewegungsmangel.

Treffen bei einem Menschen mehrere dieser Risikofaktoren zusammen, so erhöht sich bei ihm die Gefahr, daß er einen Herzinfarkt bekommt. Allerdings sind hierbei Männer wesentlich gefährdeter als Frauen. Sie erkranken bei gleicher Risikofaktoren-Zahl häufiger an einem Herzinfarkt als Frauen.

Man rechnet in der BRD mit etwa 100000 Herzinfarkttoten jährlich. Abgesehen von den wenigen Fällen, in denen eine erbliche Stoffwechselstörung vorliegt, ließe sich die Erkrankung in den meisten Fällen verhüten – mindestens jedoch hinauszögern.

Wer eine Arteriosklerose-Prophylaxe betreiben will – und das sollte jeder tun, dessen Eltern an Herzinfarkt oder Schlaganfall gestorben sind oder bei dem mehrere Risikofaktoren zusammenkommen –, muß früh beginnen und sollte gegen seine Risikofaktoren etwas unternehmen. Dazu gehört, daß man sich regelmäßig ärztlich untersuchen läßt, um zu erfahren, ob sich der Blutdruck und die Höhe der Blutfettwerte im Bereich der Norm befinden.

Wenn man noch ein übriges tun will, erzieht man schon seine Kinder dazu, sich viel zu bewegen und schlank zu bleiben, und klärt sie rechtzeitig – mit acht bis elf Jahren – über die Gefahren des Rauchens auf. Eine so früh einsetzende Gesundheitserziehung ist unerläßlich, denn ein Drittel der Kinder raucht oder hat bereits einen deutlich erhöhten Blutcholesterinspiegel.

Britische Forscher empfahlen den Piloten, zur Vorbeugung gegen Herz-Kreislauf-Erkrankungen weniger zu essen und zu rauchen und sich mehr zu bewegen. Denn von 236 Piloten, die wegen verschiedener Erkrankungen vorzeitig ihren gutbezahlten Beruf aufgeben mußten, waren allein 111 wegen Herz-Kreislauf-Störungen invalidisiert. Die amerikanische Luftwaffe führt bereits ein solches Vorbeugeprogramm durch – mit bestem Erfolg: Das Allgemeinbefinden der Piloten ist besser geworden, und ihr Cholesterinspiegel hat sich ebenso gesenkt wie ihr Triglyzeridspiegel (freie Fettsäuren), der ebenfalls für die Entstehung von Arteriosklerose mitverantwortlich gemacht wird.

Hochdruck gibt es nicht bei den Mabaans

Wer gespannt ist, wer unter Streß steht, bekommt vorübergehend einen erhöhten Blutdruck. Wenn zu viele Stressoren zu lange auf einen Menschen einwirken, kann es geschehen, daß sein Blutdruck nach einiger Zeit nicht mehr ausreichend sinkt, weil der Betreffende dauernd angespannt ist. Gelegentlich allerdings können starke Stressoren auch einen Blutdruckabfall bewirken, es kommt zur Ohnmacht.

Wie hoch ist nun ein »normaler Blutdruck«? Zu diesem Thema war in der Ärztezeitschrift »Selecta« vom 10. September 1973 ein Beispiel angeführt, das uns weiterhilft, diese Frage zu beantworten: »Wenn ein 35jähriger Mann einen Blutdruck von 130/90 statt 120/80 mm Hg aufweist, so verkürzt sich seine Lebenserwartung statistisch bereits um vier Jahre. Je niedriger der Blutdruck, desto länger die Lebenserwartung: Es hat den Anschein, als ob das menschliche Gefäßsystem überhaupt nur an einen Druck von 100/60 mm Hg biologisch angepaßt ist. Ein um 20 bis 30 mm Hg höherer Druck, der für eine ›mittlere intellektuelle Dauerleistung unentbehrlich‹ ist, verkürzt, an der Statistik ablesbar, bereits die Lebensspanne.«

Früher hieß es, der Blutdruck über 100 dürfe soviel betragen, wie man selbst Jahre zählt. Von dieser Auffassung ist man abgegangen. Daß sie anfechtbar ist, zeigt das Beispiel der Mabaans, eines Volksstammes im südöstlichen Sudan. Sie essen wenig Fett, anstelle von Fleisch gibt es bei ihnen meist Fisch, sie bewegen sich auch im hohen Alter noch viel, und sie kennen keinen Zivilisationsstreß. Daher geht ihre biologische Uhr anders als bei den Menschen in unseren Kulturkreisen. Ihr Blutdruck ist im Alter nicht höher als mit 15 Jahren – also etwa 110/70. Herzinfarkte gibt es nicht. Ihr Hörvermögen ist auch im Alter ausgezeichnet.

Aus diesem Grund muß im allgemeinen schon eine geringe Beeinträchtigung des Gehörs als Alarmzeichen gewertet werden, folgerte ein amerikanischer Ohrenarzt.

Schon bei geringer Beeinträchtigung des Gehörs also muß man schleunigst einen Ohrenarzt aufsuchen und eventuell Präventivmaßnahmen gegen eine bereits »hörbar« gewordene Arteriosklerose ergreifen.

In unserem Kulturkreis nun sieht man einen Blutdruck von 140/90 noch als »normal« für Erwachsene an. Doch selbst bei diesen eigentlich schon hoch angesetzten Werten ist die Zahl der Menschen, deren Werte noch höher sind, sehr groß – etwa jeder dritte Erwachsene dürfte dazu zählen. Das gilt insbesondere für ältere Menschen, bei denen der erhöhte Blutdruck aber manchmal auch von Nutzen sein kann (Erfordernishochdruck).

Hochdruck beschleunigt das Fortschreiten einer Arteriosklerose. Daher bekommen Hochdruckkranke bedeutend häufiger einen Schlaganfall und Herzinfarkt als Menschen, deren Blutdruck nicht erhöht ist. Nach der Großuntersuchung von Framingham in den USA weiß man, daß der obere (systolische) und der untere (diastolische) Wert von gleicher

Bedeutung sind und daß nicht der untere ausschlaggebend ist, wie es früher hieß.

Hochdruck kann man auch auf andere Weise als durch Streß bekommen, zum Beispiel durch Nierenkrankheiten. Die Präventivmediziner weisen darauf hin, daß das Vorkommen des Bluthochdrucks weltweit mit der Aufnahme von Kochsalz zusammenfällt. Je mehr in einem Gebiet Kochsalz gegessen wird, desto höher ist dort der Prozentsatz an Hochdruckkranken. Da dicke Menschen im allgemeinen viel essen, also auch viel Kochsalz zu sich nehmen, steigt bei ihnen der Blutdruck statistisch gesehen ebenfalls an.

Bluthochdruck ist für die Entwicklung eines Schlaganfalls der Hauptrisikofaktor und muß infolgedessen dauernd behandelt werden und unter ärztlicher Kontrolle bleiben. Zum großen Leidwesen der Mediziner jedoch werden – wie mehrere Untersuchungen ergeben haben – längst nicht alle Hochdruckkranken effektiv oder überhaupt behandelt. Hierfür gibt es viele Gründe. Beispielsweise macht der Hochdruck kaum Symptome, so daß der Kranke gar nicht weiß, mit welcher Zeitbombe er lebt. Oder aber der Kranke ist voller unbewußter Widerstände und »vergißt« infolgedessen, die ärztlich verordneten Medikamente regelmäßig einzunehmen. Das aber führt zu einer erheblichen Frühsterblichkeit durch Schlaganfall, Herzinfarkt, Nierenkrankheiten und Brand der Beine. So sterben 35jährige Männer mit einem Blutdruck von 150/100 im Durchschnitt 16,5 Jahre früher als Gleichaltrige mit einem Blutdruck von 120/80. Hochdruckkranke dürfen sich nicht in Sicherheit wiegen, wenn sie keine Krankheitszeichen haben; und Arzt und Patient müssen die Behandlung beharrlich weiterführen. Selbstverständlich muß der Hochdruck-Patient energisch – allerdings immer unter Kontrolle seines Arztes – sein Idealgewicht anstreben; er muß sich viel bewegen, psychohygienisch an sich arbeiten und bestimmte diätetische Maßnahmen ergreifen. Sehr häufig aber muß eine medikamentöse Behandlung – manchmal mit verringerter Dosis – dennoch fortgeführt werden. Die regelmäßige ärztliche Kontrolle bleibt also unerläßlich. Und naturgemäß stellt nur der Arzt die Diagnose »Hochdruck«.

Stoffwechselkrankheiten und Streß

Da starke Streßreaktionen meist mit Appetitlosigkeit einhergehen, verlieren einige Streßgeplagte Gewicht. Daß der Prozeß aber auch umgekehrt verlaufen kann, wissen wir allein schon vom sogenannten Kummerspeck. Manche Menschen greifen in die Kalorienkiste, wenn sie enttäuscht, verärgert, verängstigt oder besorgt sind. Und bei freudigen Ereignissen und Erlebnissen tun sie das gleiche – für sie ist Essen Balsam auf die freudig erregte oder wunde Seele. Übergewicht jedoch führt zu Stoffwechselkrankheiten wie Gicht oder Diabetes – eine entsprechende Disposition vorausgesetzt.

Andere Menschen, die die Anlage dafür besitzen, reagieren manchmal auf Streß mit einer Überfunktion der Schilddrüse; selbst einen Schreck-Basedow gibt es.

Bei einem Kaninchenstamm, der diese besondere Erbanlage besaß, starben die Tiere vor Schreck und Angst und nicht mehr an Krankheiten. Der Schrecktod ist auch bei Menschen möglich, deren Herz-Kreislauf-System erheblich vorgeschädigt ist.

Wenn der Organismus gestreßt wird, kann die Arbeit sämtlicher Organe darunter leiden, auch die der Leber. So überrascht es nicht, wenn gelegentlich autogen Trainierende berichten, ihre schlechten Leberwerte hätten sich gebessert, seitdem sie sich tief entspannen könnten.

Zusammenhänge zwischen Streß und Krebs

Auf der Basis einer chronischen Entzündung, eines durch Stressoren (Reize) verursachten lokalen Anpassungssyndroms, kann Krebs entstehen. Man denke an den Lippenkrebs der Pfeifenraucher, der durch den ständigen Druck des Pfeifenstiels auf der Unterlippe zustande kommt. Oder man denke an den Hautkrebs von See- und Landleuten, der durch die ständige Sonneneinwirkung und die dadurch hervorgerufene chronische Entzündung der Haut verursacht wird. Und schließlich sei als Beispiel noch der Krebs des Gebärmutterhalses oder Muttermundes angeführt, der bei Frauen mit häufig wechselnden Partnern besonders oft auftritt, bei Nonnen dagegen so gut wie nie.

Gegen diese Krebsarten kann man sich zur Wehr setzen: Der Pfeifenraucher sollte die Pfeife weniger lange zwischen den Lippen behalten und weniger rauchen; der Seemann und der Bauer sollten sich nicht stundenlang ohne Schutz der Sonne aussetzen. Und vor dem Gebärmutterhalskrebs kann eine Frau sich schützen, indem sie ihre Partner zur speziellen Hygiene anhält.

Für einige bestimmte Krebsarten ist ein Zusammenhang mit den Hormonen der Nebennieren erkennbar, die im allgemeinen vor den bösartigen Auswirkungen krebserzeugender Stoffe schützen. Streß scheint den Hormonhaushalt durcheinanderzubringen und damit diesen relativen Schutz zu beeinträchtigen. Auch Zusammenhänge zwischen Streß und dem körpereigenen Abwehrsystem, dem Immunsystem, sind – vor allem von Hans Selye – nachgewiesen worden. Streß kann zusammen mit anderen Faktoren bis zu einem völligen Zusammenbruch dieses so wichtigen Systems führen.

Dies alles sind jedoch natürlich nur Teilaspekte der Krebsentstehung, die »ganze Wahrheit« wird sicherlich noch auf sich warten lassen. Einig scheinen sich die Krebsforscher aber darüber zu sein: Krebs ist ein multifaktorielles Geschehen, das heißt, es müssen stets mehrere Faktoren (Streßquellen, Erbanlagen, Umweltgifte etc.) zusammenkommen, um ihn auszulösen. Auch psychische Faktoren (Disstressoren) wie Neid, Ärger, Haß, Hoffnungslosigkeit können unter Umständen unser Abwehrsystem so sehr schwächen, daß wir erkranken, eventuell eben auch an Krebs.

Wohl die schlimmste Quelle chronischen Stresses ist die Hoffnungslosigkeit. Wer – bildlich gesprochen – an der Wand steht und nicht mehr weiß, wohin sein Lebensweg führt, ist armselig dran: Auch sein Abwehrsystem ist deprimiert und arbeitet kaum noch, weil er selber seine Abwehr, seine Gegenwehr, aufgegeben hat. Umgekehrt: Wer sein Immunsystem anregen will, der muß Vertrauen entwickeln – in sein Schicksal, in seinen Lebensweg. Durch moderne Muskeltests kann man das sehr schön nachweisen. Die Hoffnung aufgeben ist eine Sünde wider die Natur, die mit einer tiefen Depression oder sogar mit dem Tode bestraft wird.

Negativer Streß als Heilmittel?

Früher haben Ärzte einer hysterischen Person manchmal kurzerhand einen Eimer kalten Wassers ins Gesicht geschüttet. Eltern machen es zuweilen ähnlich: Wenn ihr Kind »außer Rand und Band« ist, bekommt es einen kleinen Klaps, der es wieder zur Ordnung rufen soll. Bei der massiven Schocktherapie, deren sich bis vor kurzem noch zahlreiche Mediziner bedienten, spielte auf jeden Fall der Streßreiz die entscheidende Rolle. Vor allem in der Psychiatrie arbeitete man früher häufig mit Elektroschocks; beispielsweise setzte man sie bei schwerer Schizophrenie ein.

Ärzte für Naturheilverfahren spritzen Eigenblut oder andere Stoffe in den Muskel, um chronischen Erkrankungen einen Schock, einen Stoß zum Besseren, zu versetzen. Man spricht in diesem Sinne von einer unspezifischen Reiztherapie, deren Bedeutung allerdings durch die modernen Therapeutika reduziert wurde. Der österreichische Nobelpreisträger Wagner-Jauregg führte 1917 die Fiebertherapie mit Malaria ein, um Psychosen und Spätfolgen der Syphilis zu bessern. Heute ist wiederum viel von einer Behandlung mit Fieber die Rede, nämlich von der – allerdings als Glied einer langen therapeutischen Kette zu betrachtenden – Überhitzungstherapie gegen Krebs.

Streßreize, die noch heute von Ärzten für therapeutische Zwecke verwandt werden, sind Hunger (Fastenkuren), Licht, Wärme, Kälte, Massage u. a. Auch der Sport kann an dieser Stelle genannt werden.

Psychosomatische Leiden als Antwort auf Streß

Magen- und Zwölffingerdarmgeschwüre, bestimmte Formen des Hochdrucks, Herzinfarkt, Heuschnupfen, Asthma, Migräne, einige Haut- und Darmerkrankungen u. a. – sie alle gehören im wesentlichen zu den Erkrankungen, die man als psychosomatisch bezeichnet. Diesen Krankheiten schreibt Professor Max Hamilton, England, folgende Kennzeichen zu: Funktionsstörungen treten zusammen mit Organschäden auf; emotionale Störungen und Affekte (Streß) verschlechtern das Krankheitsbild; der Verlauf ist chronisch und phasenhaft; häufig sind weitere psychosomatische Störungen nachweisbar; bestimmte Familien und Lebensabschnitte werden bevorzugt; die Häufigkeit des Auftretens ist bei den Geschlechtern verschieden – so ist beispielsweise Asthma vor der Pubertät bei Jungen doppelt so häufig anzutreffen wie bei Mädchen, und im späteren Leben leiden mehr Frauen daran als Männer.

Bei den sogenannten psychosomatischen Reaktionen spielen Gemütserregungen, Affekte, eine entscheidende Rolle. Affekte sind Zorn, Ärger, Angst, Neid, Eifersucht, aber auch Freude oder Jubel. Sie gehen immer einher mit körperlichen Veränderungen, beispielsweise mit Erblassen oder Erröten, mit Schweißausbruch, starkem Herzklopfen, Sprechstörungen usw. Affekte sind eine Antwort auf Streßsituationen. Da nicht alle Menschen in der gleichen Streßsituation die gleichen Beschwerden bekommen, spielt also die Persönlichkeitsstruktur die entscheidende Rolle. Im allgemeinen ist man auch vorsichtig mit dem Versuch, bestimmten psychosomatischen Krankheiten bestimmte Persönlichkeitsprofile zuzuordnen.

Es ist eine Binsenweisheit, daß jeder Mensch auf Stressoren verschieden antwortet. Solche Antworten oder Reaktionen sind im allgemeinen bei jedem einzelnen festgelegt, und zwar durch Erbanlage und Erziehung.

Mit Streß verbundene Lebensumstellungen und -veränderungen verursachen häufig psychosomatische Reaktionen. Ein Asthmaanfall vor einem Umzug, ein Migräneanfall vor dem Examen, ein Herzanfall während des Hausbaus – auch der Laie kennt diese Phänomene.

Bei der Behandlung und Vorbeugung von psychosomatischen Krankheiten spielen psychohygienische Fragen (»Kann ich das verantworten?«, »Muß ich mich ändern?« u. a.), das Psychohygiene-Training, Meditation, systematische Bewegung und notfalls auch die Psychoanalyse eine wichtige Rolle. Ohne aktive Mithilfe des Patienten kann der Arzt nur auf das Wunder eines spontanen Rückgangs des Leidens hoffen. Oft wäre es am besten, wenn das ganze Umfeld, also die als ursächlicher Faktor der Erkrankung wesentlich beteiligte Umgebung, des Kranken mit saniert werden könnte, besonders bei Störungen im Kindesalter.

Psychosomatische Symptome können hin und wieder eine Schutzfunktion haben, sie sind dann gleichsam ein Mittel zur Aufrechterhaltung des seelischen Gleichgewichts. So gibt es beispielsweise genügend Fälle, in denen Bronchialasthma-Kranke in eine Depression abglitten und ihr Asthma dabei verloren. Besserte sich die Depression, trat das Asthma wieder auf. Das veranlaßte den Berliner Psychoanalytiker Günter Ammon zu der Bemerkung: »Das psychosomatische Symptom schließt gleichsam den das ganze Ich bedrohenden Konflikt in eine Isolierstation ein und bewahrt das Ich vor seiner epidemischen Ausweitung.«

Wie vielfältig die Reaktionsweise des Organismus ist, zeigen die psychischen Störungen, die nach Ansicht mancher Forscher mehr mit Streß zu tun haben als die meisten anderen Erkrankungen.

Stressoren im seelischen Bereich

Der Tod eines geliebten Menschen löst Trauer aus, Kummer, Verstimmung und Desinteresse an der Umwelt. Nach einer gewissen Zeit darf man annehmen, daß solche psychoreaktiven Zeichen wieder abklingen. Tun sie es nicht, so muß eine seelische Störung bei dem Betreffenden vermutet werden. Manchmal hilft dann ein psychotherapeutisches Gespräch mit einem Arzt, Psychologen, Seelsorger, Sozialarbeiter oder auch mit einem anderen verständnisvollen Menschen.

Ähnliche psychoreaktive Symptome stellen sich auch nach der Einwirkung anderer seelischer Stressoren ein, nach Kränkung oder Tadel zum Beispiel. Jeder hat schon in irgendeiner Form heftig auf solche Stressoren reagiert, besonders in der Kindheit oder in der eigenen Familie. Erst wenn die Symptome über Gebühr heftig oder lange auftreten, wenn sie das Verhalten des betreffenden Menschen zu bestimmen beginnen, wenn er immer so reagiert, wird es kritisch. Treten derartige Reaktionen auf einen psychischen Stressor plötzlich und anfallartig auf, so spricht man von Kurzschlußreaktionen.

Bei manchen Menschen beobachtet man, daß sie bei den

geringsten Anlässen beziehungsweise bei der Einwirkung harmloser Stressoren »vor Wut platzen« oder »explodieren«. Solche Explosivreaktionen sind zuweilen mit Gewalttaten oder -entladungen verbunden. Das Autogene Training ist in diesen Fällen mit Erfolg anwendbar. Immer jedoch sind zusätzlich sportliche Betätigungen wie Boxen, Ringen, Judo, große Wanderungen und Dauerläufe zu empfehlen. Die Stabilisierung der psychosozialen Gesundheit ist das Ziel dieser Behandlung.

Dazu ein Beispiel. Ein 27jähriger äußerlich ruhiger Angestellter hatte verschiedentlich schon bei den nichtigsten Anlässen explosionsartig reagiert und dabei seine Fäuste gebraucht. Zweimal war er bereits mit dem Gesetz in Konflikt geraten. Seine Frau hatte es nicht leicht mit ihm. Als sie das Essen zum wiederholten Mal lauwarm servierte, schleuderte er es mitsamt dem Teller gegen die Wand. Und als sie dies in der Nachbarschaft erzählte, zerschlug er zusätzlich ihren Spiegel. Anschließend tat ihm sein Verhalten sofort leid.

Ein anderes Mal warf er einen Blumentopf gegen den Fernsehapparat, weil das Programm unerwartet geändert worden war. Danach bekam er einen Weinkrampf.

Da der junge Mann früher Sport betrieben hatte, erhielt er den Rat, wieder damit anzufangen und systematisch zu trainieren. Er meldete sich daraufhin in einem Judo-Club an und begann außerdem an den Wochenenden regelmäßig mehr als 20 Kilometer zu wandern. Auch seine Frau fand Gefallen am Wandern. Zusätzlich nahmen beide an einem Kursus für Autogenes Training teil, von dessen Wert für ihr Zusammenleben sie überzeugt waren. Das Ergebnis war erfreulich: In den letzten 17 Jahren sind keine explosiven Konfliktreaktionen mehr aufgetreten, und die Ehe ist, wie beide einstimmig erklärten, in jeder Hinsicht besser geworden.

Streß führt zu Fehlgewöhnungen

Im Ersten Weltkrieg jagte das gegnerische Artilleriefeuer einigen Soldaten einen so großen Schrecken ein, daß sie anfingen, am ganzen Leib zu zittern. Bis zu einem gewissen Grad ist eine solche Reaktion normal, nur verselbständigte sich dieses Zittern, so daß sie an der Front nicht mehr zu gebrauchen waren. Vor allem ängstliche Menschen waren davon betroffen.

Ähnlich erging es einem Musiker, den wir während des letzten Weltkrieges in unserer Kompanie hatten: Er zitterte schon in der Etappe bei jedem Streß und kam während des Fronteinsatzes aus dem Zittern nicht mehr heraus. Ansätze zu solchen Störungen kann man auch im Alltagsleben beobachten. In ähnlicher Weise kann man vor Schreck sprachlos werden – auch hierbei kommt es gelegentlich vor, daß die Störung längere Zeit andauert. Überhaupt lassen sich die psychischen Störungen auch als Fehlreaktionen auf Streßzustände ansehen.

Wenn man annimmt, wie der amerikanische Psychiater Karl Menninger, daß Stressoren, vor allem psychischer, aber auch sozialer Art, bei einer gewissen Disposition nahezu alle psychischen Erkrankungen auslösen können – von der vegetativen Dystonie bis zur Schizophrenie –, müßte man auch Psychologen, Sozialarbeiter, Seelsorger und Soziologen viel mehr als bisher zur therapeutischen Hilfe heranziehen. Und selbstverständlich gehören Spiel und Sport und Tanz in jede Therapie psychischer Erkrankungen.

2. Wer steht unter Stress?

Streß hat es in irgendeiner Form immer gegeben. Aber unsere Umwelt sieht heute anders aus als früher. Die Vergiftung von Luft und Erde, von Nahrung und Wasser muß Rückwirkungen im Körper – und damit auch auf die Psyche – haben. Lärm, Strahlen, Drogen, Medikamente, Überflutung mit optischen und akustischen Reizen – an alle diese Dinge kann man sich nicht gewöhnen, ohne Schaden zu nehmen. Die Zivilisation verleitet einerseits dazu, daß man seinen Körper nicht mehr genug fordert, was zu einer Schwächung der Muskulatur, der Organe und der Abwehrkräfte führen kann; andererseits verleitet sie zur Überforderung der geistig-seelischen Kräfte.

Lebenshilfen tun mehr denn je not

Die Frage, wer unter Streß steht, ist müßig: wir alle. Unser Leben ist voller Streßsituationen verschiedenster Art, die alle aufzuzählen ein ganzes Buch füllen würde. Wer aktiv am Leben teilnimmt, gerät zwangsläufig immer wieder unter krankmachenden Streß, von dem hier ausschließlich die Rede sein soll. Wer streßarm lebt, ist meist am Rande der Zivilisation zu finden, zumindest nicht an deren Schalthebeln.

Die Streßempfindlichkeit hängt vom Typ ab, die Streßintensität ebenfalls. Der Beruf als solcher ist im allgemeinen Nebensache. Es gibt jedoch einige Ausnahmen.

Streßreiche Berufe

Streßreich ist der Beruf des Arztes für Allgemeinmedizin, der zu jeder Tages- und Nachtzeit für seine Patienten dasein und praktisch das ganze weite Feld der Medizin beherrschen muß, der ein ungutes Gefühl bekommt, wenn er seine vielen aus Zeitmangel ungelesenen Fachzeitschriften sieht und der seine Urlaubszeit zur Fortbildung nutzen muß. Er stirbt daher im Durchschnitt früher als Ärzte mit begrenzteren Fachgebieten.

Von Natur aus streßreiche Berufe sind auch die des Piloten, der regelmäßig viele Längengrade zu überfliegen hat und dessen biologischer Rhythmus durch die dabei auftretenden großen Zeitunterschiede in Unordnung gerät, des Fluglotsen, der unter zu starkem Zeitdruck ein zu großes Arbeitspensum bewältigen muß (aus amerikanischen Untersuchungen wissen wir, daß Fluglotsen häufiger als durchschnittliche Berufstätige an Bluthochdruck, Zwölffingerdarmgeschwüren und Diabetes leiden und um so mehr – vor allem an Hochdruck – erkranken, je mehr Maschinen sie einweisen müssen), des Busfahrers, der keine Zeit hat, sich zu bewegen, der Kellnerin, die als Nichtraucherin in verqualmten Räumen servieren muß und daher auch häufiger Lungenkrebs bekommt, der Kassiererin im Supermarkt, die konzentriert und verantwortungsvoll nicht immer zimperliche Kunden bedienen muß; alle Berufe, in denen es zu einer sogenannten Berufskrankheit kommen kann sowie viele andere mehr.

Streßreich wird jeder Beruf, dessen Anforderungen man nicht gewachsen ist. Das gilt für manche ältere Menschen, denen ein Arbeitsplatztausch guttäte. Und das gilt auch für Kranke, die meinen, ihren alten Arbeitsplatz nicht mehr ausfüllen zu können, wie dies bei einigen psychisch Erkrankten der Fall ist.

Arbeit und Streß

Fließbandarbeit steht in dem Ruf, eine streßreiche Arbeit zu sein. In Wirklichkeit braucht sie aber keineswegs mehr zu belasten als eine andere Arbeitsform. Nur wenn die Bandgeschwindigkeit zu groß und der Arbeiter monotonieempfindlich ist, wird die Bandarbeit zum Streß.

Im Gegensatz zur Bandarbeit sind Schicht- und Nachtarbeit meist eine Belastung. Durch sie wird der physiologische Rhythmus des Menschen gewaltsam durchbrochen. Außerdem bekommt der Schicht- und Nachtarbeiter – wie man aus Untersuchungen weiß – meist zuwenig Schlaf: Am Tage läßt es sich einfach nicht so gut schlafen wie in der Nacht, auch dann nicht, wenn die häuslichen Gegebenheiten relativ günstig sind. Ein normales Familienleben ist für diesen Arbeiter ohnehin nicht mehr möglich. Auch sozialen Verpflichtungen kann er meist nicht mehr ausreichend nachkommen. Arbeitgeber und Familien müssen viel Verständnis für ihn aufbringen. Noch schlimmer ist die Belastung für ihn, wenn er seine Arbeit nicht bejaht. Wer sich aus bestimmten Gründen freiwillig zur Nachtarbeit meldet, wird weniger gestreßt als jemand, der sie notgedrungen verrichtet.

Viele Menschen laden sich auch unnütze Lasten auf und stressen sich dadurch selbst. Wer für Familie und Hobby keine Zeit mehr zu haben glaubt, sollte seinen Tagesplan umgehend entrümpeln. »Wir wollen eine gediegene gelassene Lebensart kultivieren, die mit der menschlichen Würde in Einklang steht und frei ist von den kleinlichen Begierden des Alltagslebens«, bekennt Selye auf die Frage, woher er »die Kraft zu leben« nehme.

Wer streßreich lebt, lebt meist auch risikoreich – das sollte sich jeder merken, der meint, seine Kraftreserven seien unerschöpflich. Im allgemeinen suchen sich aber hauptsächlich Menschen, die von Natur aus eine hohe Streßtoleranz haben, auch streßreiche Berufe aus: beispielsweise nehmen sie das Risiko auf sich, das selbständige Arbeit birgt.

Wenn es, wie dies in den meisten Berufen gelegentlich der Fall ist, saisonbedingt zu einer Streßüberlastung kommt, verringert sich die Anpassungsfähigkeit des Organismus, und auch andere Streßfaktoren, die bis dahin kompensiert wurden, kommen dann zum Zuge – die Folge ist oft, daß der Organismus erkrankt.

Wer krank ist, empfindet auch seine normale Arbeit als Streß. Um diesem Streß zu entgehen, legte sich ein bekannter Kliniker bei jeder Erkältung ein paar Tage ins Bett. Vielleicht ist das der Grund dafür, daß er Jahre nach seiner Pensionierung immer noch in der Lage war, als Forscher erfolgreich tätig zu sein.

Die Entscheidung darüber, ob man bei einer leichten Erkrankung zur Arbeit gehen soll, liegt im wesentlichen bei einem selbst. Die Vorgesetzten wissen oftmals nicht, in welchem Maß man noch belastungsfähig ist. *Daher sollte sich jeder Arbeitnehmer rechtzeitig prüfen, ob ihm seine Arbeit mehr schadet, als sie dem Arbeitgeber nutzt.* Nötigenfalls wird auch der Arzt raten können.

Gelegentliche Streßreaktionen durch berufliche Arbeit findet man bei Arbeitern ebenso wie bei Professoren, bei Sekretärinnen wie bei Hausfrauen. Am häufigsten trifft man Streß bei kleinlichen und empfindlichen Menschen an sowie bei ehrgeizigen, die vorankommen wollen. Die Gefahren für den Topmanager sind bedeutend geringer, er ist bereits arriviert und kann streßreiche Arbeit delegieren. Außerdem beginnt fast jeder, der einen hohen Posten erklommen hat, eine Unfehlbarkeitsneurose zu entwickeln.

Als außerordentlich hoher Streß werden in der Bundesrepublik schlechte Arbeitsplatzbedingungen empfunden. Sie sehen natürlich für jeden Menschen anders aus. Den einen stört ein kleiner Arbeitsraum wenig, den anderen bedrückt die Enge. Ein Großraumbüro kann für den, der aus einem kleinen Raum kommt, eine Erleichterung sein, für den aber, der vorher einen schönen Arbeitsraum für sich allein zur Verfügung hatte, ein Alptraum etc.

Den Anforderungen nicht gewachsen

»Ganz arme Teufel« sind diejenigen, die sich ihrer Arbeit nicht gewachsen fühlen. Von ihnen hört man Seufzer wie: »Bei dieser Arbeit drehe ich noch durch.« Oder: »Diese Arbeit macht mich noch ganz verrückt« oder: »Bei dieser Arbeit krieg' ich noch Kopfschmerzen.« Ganz gleich, ob man Magenbeschwerden oder Herzschmerzen bekommt – immer spielt die schlechte Anpassung, das Sich-überfordert-Fühlen, die Hauptrolle und nicht die Arbeit an sich.

Auch solche Anzeichen sind oftmals Symptome einer Fehlanpassung. Während sie anfangs unterschwellig und kaum erkennbar sind, ergreifen sie schließlich von dem Betreffenden ganz Besitz, und er dreht durch. Wer psychisch labil ist – und das sind mindestens 15 Prozent der Arbeitnehmer –, sollte sich niemals überarbeiten. Er sollte auch behutsam gelenkt werden, von seinem Ehepartner, von den Mitarbeitern und von seinem Chef. Aber für eine solche individuelle Behandlung wird im Betrieb kaum etwas getan. So bleibt der hilfsbereite und einfühlsame Ehepartner meist allein als Helfer übrig.

Harte Arbeit verlängert das Leben

Harte Arbeit, worunter hier das Sich-selbst-Verwirklichen verstanden werden soll, ist kein krankmachender, sondern ein heilsamer Streß. Hans Selye schreibt über sich, er sei seit Beginn seiner Studienzeit mit 18 Jahren stets morgens um vier Uhr aufgestanden und hätte bis sechs abends gearbeitet. Er wünsche sich nichts anderes und sei glücklich dabei. Unser Ziel müsse es sein, nicht jede Arbeit zu meiden, sondern eine Arbeit zu finden, die zu uns passe. So könnten wir den Zwang ausschalten, uns dauernd anpassen zu müssen – die Hauptursache von negativem Streß, meint Selye. Die Kunst bestünde darin, einen Beruf zu finden, der einem liege und der die Anerkennung mit sich bringe, nach der wir uns sehnten.

In der Tat: Mit Erfolg arbeiten verlängert das Leben, weil es glücklich macht und zu innerer Harmonie führt. Als man tausend 65- bis 70jährige fragte, in welcher Zeit ihres Lebens sie sich am glücklichsten gefühlt hätten, erklärten sie fast einhellig, es seien die Jahre zwischen 25 und 45 gewesen. Es waren die Jahre, in denen sie hart arbeiten und große Verantwortung tragen mußten.

Der Arbeit einen Sinn geben heißt den Streß verringern. Es ist das Nietzsche-Wort, das uns hier mahnt: »Wer ein Warum zum Leben hat, erträgt fast jedes Wie.«

Zur Gruppe derer, die sich mit ihrer Arbeit identifizieren, gehören Journalisten. Gerade sie müssen häufig oder dauernd unter Termindruck arbeiten, oftmals, vor allem abends, haben sie wenig Freizeit. Kein Wunder, daß sie zu 85 Prozent über Streß klagen. Aber im Gegensatz hierzu steht der relativ gute Gesundheitszustand, den sie den Ergebnissen einer 1972 durchgeführten Untersuchung zufolge besitzen. Rührt er daher, daß sie meistens ihre Arbeit signieren dürfen? Zweifellos sind sie auch stolz auf ihre Arbeit, sonst hätte sich der Journalistenstreß schon mehr Opfer geholt.

Wer nicht stolz sein kann auf die Arbeit, die er leistet, weil er keinen Sinn in ihr sieht, dem wird sie leicht zur Fron, und wer zusätzlich noch Angst vor ihr hat, dem ist allein schon der Gedanke an sie ein Streß. So haben denn vor allem jüngere Menschen versucht, neue Lebens- und Arbeitsformen zu finden. Es gibt Gruppen, die – vielleicht beeinflußt durch die Nostalgie-Welle – mitten unter uns Gemeinschaften gegründet haben, von denen das einfache Leben nicht allein gepredigt, sondern auch praktiziert wird – vor allem auf Bauernhöfen. Doch diese Versuche erinnern sehr stark an Experimente aus der Psychiatrie, bei denen lebensschwache Menschen, von der Allgemeinheit getragen und beschützt, ein streßarmes Leben führen. Die Kommune kann unter Umständen auch zum Streßabbau beitragen. Aber letzten Endes lebt auch sie von der Leistungsgesellschaft, von der ihre Mitglieder im Alter aufgefangen werden müssen.

Unter Druck arbeiten

Terminarbeit – vor allem, wenn die Frist zu kurz bemessen ist – wird von den meisten Menschen als schwerer Streß angesehen. Schon junge Mädchen von 15 bis 21 Jahren brechen unter dieser Last zusammen und reagieren mit Herzbeschwerden, Kreislaufstörungen, Konzentrationsunfähigkeit, Nervosität, Magenbeschwerden, Schwindelgefühl, Kopfschmerzen usw. Die Bundesversicherungsanstalt für Angestellte mußte daher schon zwei Sanatorien eröffnen, in die junge Mädchen mit solchen Überlastungssymptomen aufgenommen werden. Man kann nur hoffen, daß die jungen Kurgäste dort auch lernen, wie man mit Streß fertig wird und wie man zu Hause an Streßstabilität gewinnt.

Aber wie soll man Stenotypistinnen, die von morgens bis abends im Eiltempo auf Band diktierte Texte abschreiben, motivieren? Sie müßten sich über ihre Arbeit freuen können, einen Chef haben, der sie lobt, und sich nach Dienstschluß genügend Bewegung verschaffen können.

Berufliche Entlastung als Streß

Für alle, die von Natur aus Hochleistungsmenschen sind, ist Streß ein Lebenselixier. Sie sind Kämpfernaturen und brauchen Spannungen und Schwierigkeiten, um ihre Höchstleistungen zu erzielen. Für sie ist Streß, was für andere die Tasse Kaffee bedeutet. Oft aber sind sie einseitig. In ihrem Fach sind sie hervorragend, doch für Hobbys haben sie wenig Interesse und keine Zeit. Nach der beruflichen Entlastung tritt bei ihnen nicht selten der sogenannte Entlastungsstreß auf: Sie fühlen sich überflüssig und unnütz, es kommt zum »Pensionärsbankrott«, in einigen Fällen sogar zum »Pensionierungstod«. Wenn sie hingegen noch weiterarbeiten, können sie noch lange aktiv und in Gesundheit am Leben teilnehmen. Besonders auffällig macht sich dieser Entlastungsstreß bei Sportlern bemerkbar: Langstreckenläufer, die ein großes Sportlerherz haben, bekommen plötzlich Kreislaufbeschwerden, wenn sie mit dem Training abrupt aufhören. Weniger deutlich, aber dennoch nachweisbar, ist dieses Phänomen auch bei Hockey- und Fußballspielern. Sportler müssen also ihr Training langsam und allmählich reduzieren.

Den Streß des Sports haben sie gut überstanden; die unvermittelt einsetzende Ruhe nach dem Sportleben jedoch führt bei ihnen zu vegetativen (nervösen) Erscheinungen. Der Körper war auf Höchstleistung eingestellt, er hatte sich angepaßt. Jetzt muß er sich wieder an das Normalleben anpassen, und auch das braucht seine Zeit.

Aber derartige Erscheinungen sind auch aus anderen Bereichen bekannt. Beispielsweise haben viele Insassen von Konzentrationslagern, Arbeitslagern oder Gefängnissen die qualvolle Zeit der Haft, der Unfreiheit, bewundernswert überstanden. Nach der Freilassung aber kam es zu psychischen Anpassungsstörungen, die ehemaligen Häftlinge wurden mit sich und der Umwelt nicht mehr fertig.

Auf einem ganz anderen Gebiet sind das Phänomen des Entlastungsstresses und seine Folgen ebenfalls zu beobachten: Der Herzinfarkt tritt bezeichnenderweise oftmals im Urlaub oder an Feiertagen auf. Das gilt auch für seelische Entlastungsreaktionen; so sind – um nur ein Beispiel zu nennen – depressive Verstimmungen nach beendetem Hausbau nicht ganz selten. Auch die Zunahme der Selbsttötung, des Suizides, nach Weihnachten und Neujahr ist seit langem bekannt.

Der gestreßte Großstädter

Ein Streß par excellence ist für den modernen Menschen die Umwelt im weiteren Sinne. Das trifft vor allem für den Großstädter zu. Mehr als ein Drittel der Bundesbürger lebt in der Großstadt. Sie werden in erster Linie von Stressoren wie Straßenverkehr, verschmutzter Luft, langer Anfahrt zur Arbeit, Angst vor Verkehrsunfällen, Lärm, schlechten Wohnverhältnissen, Reizüberflutung usw. attackiert. Diese Stressoren sind mit schuld daran, daß die Männer in der Großstadt deutlich häufiger an Herzinfarkt sterben als in ländlichen und kleinstädtischen Gebieten, obwohl die Zahl der Infarkttoten jetzt auch in ländlichen Gebieten zunimmt.

Mit besonderen Problemen sind die Bewohner von Hochhäusern konfrontiert. Beispielsweise nimmt ihr Bewegungs- und Kommunikationsinteresse in dem gleichen Maße ab, in dem die Zahl der Stockwerke zunimmt, und gleichzeitig nimmt auch ihre körperliche Widerstandskraft ab und ihre Krankheitsanfälligkeit zu. Das kann man sogar schon bei Kindern beobachten.

Sozialhygieniker der Bonner Universität machten vor einiger Zeit noch auf ein anderes Phänomen aufmerksam: 80 Prozent der straffällig gewordenen Jugendlichen stammen aus Großstädten, 71 Prozent stammen aus miserablen Familienverhältnissen, 28 Prozent sind unehelich geboren.

Über die Wohnqualität und ihren Einfluß auf die psychische Gesundheit hat der Wiener Sozialpsychiater Professor H. Strotzka mit seinen Mitarbeitern eine Studie verfaßt, die aufzeigt, daß eine »schlechte« Wohnung als psychischer Stressor wirken und somit zu »Neurosen« führen kann. Wenn jedoch schlechte Wohnbedingungen sozusagen zum normalen Leben der Betroffenen gehören, werden sie auch viel eher ertragen. Kleinstwohnungen belasten am meisten Frauen. Auch Einsamkeit und die Häßlichkeit des Wohngebietes stressen, so daß das Wort eines Berliner Künstlers bestätigt wird: Auch die Wohnung kann einen erschlagen.

Schädigung durch Lärm

Zu den schlimmsten Stressoren, die eine feindliche Umwelt erzeugt, gehört der Lärm. Durch den Lärm fühlen sich unendlich viele Menschen belästigt. Sogar nachts fühlt sich noch rund ein Drittel der Bundesbürger durch Lärm gestört.

Das aber hat auf die Dauer schwerwiegende Folgen. Wer ständig unter Lärm zu leiden hat, wird gereizt, ist leicht ablenkbar, ermüdet schnell, kann sich meist schlechter konzentrieren – kurz, er wird nervös. Das vegetative Nervensystem überträgt die Störungen auf die Organe: Auch das Herz wird »nervös« und beginnt, unregelmäßig zu schlagen; die Atmung wird ebenfalls unregelmäßig und erfolgt stoßweise; die Bewegungen des Darmes verändern sich, und der Blutdruck steigt an.

Lärm trifft also nicht allein auf das Trommelfell, sondern er trifft auch die Organe und macht sie krank. Lärm geht durch Mark und Bein. Lärm tut weh. Selbst den ausgeglichensten Menschen macht er kaputt. Er ist oft der Schuldige, wenn sich im Arbeitsleben die Unfälle häufen und das Familienleben unter zunehmenden Aggressionen leidet. Lärm provoziert Streß wie kaum ein anderer Reiz. Wir alle sollten in jeder Hinsicht lärmbewußter werden.

Wer in Lärmbetrieben arbeitet, muß auf jeden Fall einen Lärmschutz tragen. Die Arbeitgeber müssen alles tun, um unnützen Lärm einzudämmen – etwa durch Doppelfenster. Lärmwälle können Straßenlärm abhalten; sind sie mit Koniferen bepflanzt, wird zusätzlich noch Staub ferngehalten. Und massives Einatmen von Staub ist ein schleichender Streß, der sich meist erst am Lebensende bemerkbar macht oder sich bei einfachen Erkrankungen der Atemwege erschwerend auswirkt.

An Lärm gewöhnt man sich nicht. Selbst im Schlaf reagiert man noch auf ihn. Wenn die Lärmquelle sehr stark ist und sich nicht beseitigen läßt, bleibt einem nichts anderes übrig, als den Arbeitsplatz oder die Wohnung zu wechseln. Sonst wird man nach einer Weile entweder nervös oder schwerhörig.

Doch selbst weniger lauter Lärm schadet der Gesundheit: In den USA haben Ärzte festgestellt, daß sich beim Schrillen des Telefons die Blutgefäße verkrampfen, so daß der Kreislauf nicht mehr normal arbeitet. Außerdem erleidet sofort der Verdauungsvorgang eine Unterbrechung. Bei zu häufigen Anrufen können zu diesen Störungen bei bestimmten Menschen sogar noch Depressionen hinzukommen. Die Mediziner glauben, daß ständiger Telefonstreß das Leben verkürzen kann. Wer also auf das Telefon angewiesen ist, tut gut daran, das Alarmsignal leise zu stellen.

In einem Antistreßkurs für Manager war einer der Teilnehmer ganz stolz darauf, drei Telefone auf seinem Schreibtisch zu haben. Meine Frage, ob ihn das denn nicht nervös mache, verneinte er. Aber er hatte einen viel zu hohen Blutdruck, sein vegetatives Nervensystem war »nervös« geworden und aus dem Gleichgewicht geraten. Auf Streß reagiert der Körper früher als der Verstand.

Abschließend sei zum Thema Lärm erwähnt, daß sich der Bürger gegen zu starken Lärm unter Umständen auch mit rechtlichen Mitteln wehren kann.

Nicht immer ist das Wetter schuld

Auch das Wetter ist ein Umweltfaktor, der häufig als Stressor empfunden wird. Sehr viele Menschen – man rechnet mit einem Drittel der Bundesbürger – sind wetterempfindlich. Schon bei Säuglingen kann man diese Beobachtung machen. Häufig geht aber die Wetterempfindlichkeit mit einer gewissen vegetativen Labilität sowie einer verminderten Abwehrkraft einher.

Was not tut, damit man den Wetterstreß weniger spürt, sind vor allem Abhärtung und systematische Bewegung. Wer das berücksichtigt, braucht weniger Tabletten und weniger Anregungsmittel wie Kaffee oder Tee. Selbstmedikation mit all ihren Gefahren ist bei Wetterfühligen besonders häufig: Jeder vierte wetterfühlige Gesunde nimmt Schmerzmittel, jeder zehnte Beruhigungs-, Schlaf- oder gar Weckmittel.

Aber Wetter und Klima sind nicht immer die Schuldigen, zu denen man sie gern erklären möchte. Wenn beispielsweise in einer Fernsehsendung gesagt wurde, das Klima mache Bonn zur Streßmetropole, so dürfte das nur bis zu einem gewissen Grade stimmen. Was manchen Politiker krank macht, ist nicht der Klimastreß, sondern chronische Überarbeitung. Wäre das Klima in Bonn streßreicher als an anderen Orten, so müßte sich dies in den Statistiken als höhere Frühsterblichkeitsrate niederschlagen, und das tut es offenbar nicht. Im

Gegenteil: früher kamen aus ganz Deutschland Pensionäre nach Bad Godesberg, dem südlichen Stadtteil von Bonn, um dort ihr Alter zu verbringen.

Auch die Leiden und Krankheiten mancher Minister entsprechen denen des Durchschnitts der Bevölkerung. Was also streßt, ist ein »erbarmungsloses Leistungsstreben, unter Bonns Parlamentariern fast bis zur Neurose gezüchtet«, wie die Bonner Journalistin Margret Kämpf gut beobachtet hat. Wenn zum Beispiel ein bayerischer Parlamentarier in sieben Jahren nur ein einziges Mal Urlaub gemacht hat – und das nur, »weil mein Arzt es verlangte« –, dann kann man ihn nur bedauern und ihm etwas mehr Einsicht wünschen.

Der Streß, ein Nichtraucher zu sein

Durch Zigarettenrauch verpestete Luft stellt für die meisten Nichtraucher eine starke Belastung dar. In Artikel 2 Absatz 1 des Grundgesetzes heißt es: »Jeder hat das Recht auf die freie Entfaltung seiner Persönlichkeit, soweit er nicht die Rechte anderer verletzt ...« Doch es scheint, als ob die Juristen im Falle des Nichtrauchers Schwierigkeiten hätten, diesen Paragraphen in die Praxis umzusetzen. So lehnte das Berliner Verwaltungsgericht – um nur eines von mehreren Beispielen zu nennen – noch 1973 den Antrag von zehn nichtrauchenden Referendaren ab, ihre Klausuren in einem nicht verqualmten Prüfungssaal schreiben zu dürfen. Die Referendare wandten sich daraufhin an das Berliner Abgeordnetenhaus, das eine fachliche Stellungnahme erbat.

Derart groteske Situationen, wo Menschen, denen man eine gewisse Vernunft unterstellen möchte, das Grundgesetz mit Füßen treten, erlebt man täglich. Und nicht jeder Nichtraucher ist Jurist und weiß seine Rechte zu vertreten. Wer passiv mitraucht, wird vergiftet – mit stärkeren Dosen als mit homöopathischen. Und wenn sich der Nichtraucher dann noch zusätzlich darüber ärgert, daß ihm das Recht auf Einatmen von reiner Luft nicht zugestanden wird, während man das Rauchen offenbar als Naturrecht ansieht, kommt es bei ihm zu einem doppelten Disstreß. Toleranz hat auch ihre Vorteile, verbunden mit Humor kann sie sogar doppelten Eustreß erzeugen. Manchmal scheint es, als ob wir auf Kleinigkeiten gereizter reagierten, als wäre unser Haus abgebrannt.

Wer raucht, lebt gefährlich

Wenn sich auch einige Raucher mit dem Argument verteidigen, Nikotingenuß führe zu Entspannung, so ist doch eines nicht zu übersehen: Rauchen ist ein Stressor ersten Ranges. Schon wer täglich zehn Zigaretten raucht, verkürzt seine Lebensaussichten statistisch gesehen um vier Jahre. Je mehr man raucht und inhaliert, je früher man damit beginnt und je mehr Jahrzehnte es sind, in denen man raucht, desto gefährdeter ist man.

1988 starben in der Bundesrepublik rund 23000 Menschen an Lungenkrebs, mehr als 10500 Menschen mußte ein »Raucherbein« abgenommen werden, und von den rund 100000 Menschen, die an Herzinfarkt starben, hat sich ein ganz großer Teil diesen frühen Tod durch zu starkes Rauchen selbst zuzuschreiben. Das Inhalieren ist dabei besonders schädlich. Pfeifenraucher können sich daher genau wie Zigarettenraucher verstümmeln, sofern sie inhalieren. Das gleiche gilt für den Liebhaber von Zigarren.

Wer anfängt zu rauchen, sollte sich darüber im klaren sein, daß durch Nikotingenuß zahllose weitere Krankheiten entstehen oder noch mehr verschlechtert werden. Hier nur die wichtigsten: Bronchitis, Lungenblähung, vegetative Dystonie, Magen- und Zwölffingerdarmgeschwüre, Verkalkung (Arteriosklerose) der Blutgefäße, viele Organerkrankungen und vor allem Krebs der Atemwege und der Harnblase. Statistisch gesehen sind starke Raucher auch längst nicht so belastungsfähig wie Nichtraucher. Rauchen ist ein Zeichen innerer Unsicherheit, Raucher neigen eher zu Unfällen, sie haben eher Schlafstörungen, Angstzustände usw. als Nichtraucher. Daß im Alter zwischen 45 und 60 Jahren bei uns doppelt so viele Raucher sterben wie Nichtraucher, sollte zu denken geben. Auch jeder Raucher klammert sich an den Strohhalm, daß er zu den wenigen gehören wird, die trotz chronischen Nikotinmißbrauchs uralt werden. Das wäre ihnen zwar sehr zu gönnen, und es ist auch hin und wieder der Fall, aber garantieren kann ihnen das keiner. Hingegen können Illusionen dieser Art sie das Leben kosten.

Den allmählichen Selbstmord durch Rauchen kann man ab sofort etwas verzögern, wenn man die Zigaretten nur zur Hälfte raucht und den Rest wegwirft. Danach sollte man möglichst schnell das Rauchen ganz aufgeben, beispielsweise nach der Methode, die ich später beschreiben werde.

Unter dem Streß der Diagnose

Für die meisten Menschen ist es ein Schock, ein starker Streß, wenn der Arzt ihnen mitteilt, daß sie an einer schweren Krankheit leiden. Und der Streß ist nicht minder groß, wenn bei ihnen psychische Störungen diagnostiziert werden. Eine solche Diagnose erscheint vielen Menschen wie eine Aburteilung. Das Schlimme ist, daß viele Ärzte nicht genügend Zeit haben, den Kranken auf die Diagnose vorzubereiten oder seine Vorurteile abzubauen. Manchmal wird auch zu schnell von einer seelischen Krankheit gesprochen und vor allem nicht erklärt, daß der größte Teil der psychischen Störungen weitgehend gebessert werden kann.

An einer Diagnose sind schon manche Menschen, sogar Ärzte, zerbrochen. Als ein 28jähriger Kollege von einem Professor die Diagnose Schizophrenie gestellt bekam, wurde er, der bis dahin seine Arbeit zur vollen Zufriedenheit seiner Vorgesetzten verrichtet hatte, erst richtig krank und brauchte nahezu eineinhalb Jahre, bis er sich wieder gefangen hatte. Ähnlich erging es einer Hausfrau, die ebenso wie der Kollege bei mir das Autogene Training erlernte. In einer großen psychiatrischen Klinik teilte die Oberärztin ihr mit, sie sei eine »Psychopathin«. Daraufhin fiel sie in eine reaktive Depression, die mehrere Monate anhielt und aus der sie sich schließlich mit Hilfe eines sehr verständnisvollen Ehemannes und des Autogenen Trainings aus eigener Kraft befreite.

Aber es sind nicht allein die Diagnosen der Psychiater, die zum Stein des Anstoßes werden können, der Glaube an die Allmacht der Technik kann es ebenfalls werden. Wenn der Arzt beispielsweise in einem Elektrokardiogramm, wie dies so häufig der Fall ist, eine kleine Unregelmäßigkeit entdeckt und nicht genügend betont, daß sie keine große Bedeutung hat, kann das für den Patienten die Bestätigung sein: Ich bin herzkrank, schwer krank. Ich muß mich schonen, meine Familie muß Rücksicht auf mein Leiden nehmen etc.

Ähnlich verhält es sich mit einem Röntgenbild der Wirbelsäule. Weist man den Patienten nicht darauf hin, daß gewisse Verschleißerscheinungen als normal angesehen werden müssen, kann man vorübergehende Beschwerden zu dauerhaften machen.

Noch schlimmer ist es mit der Diagnose Krebs. Bei einigen Patienten kann sie zu Panik führen. Daher muß sie meines Erachtens in manchen Fällen verschwiegen werden. Auf jeden Fall aber muß man den Patienten langsam und vorsichtig darauf vorbereiten. Das sollte auch für die Hochburgen der Wissenschaft gelten.

Nicht ganz ungefährlich ist die Ansicht des Bundesgerichtshofes, der Arzt habe die Pflicht, seine Patienten »peinlich genau« aufzuklären. Eine peinlich genaue Diagnose hat schon viele Kranke in den Selbstmord getrieben oder dazu gebracht, daß sie sich gar nicht mehr beim Arzt blicken ließen, »weil es ja doch keinen Zweck mehr hat«.

Ist das Alter ein Streßzustand?

Manche Menschen können sich nicht damit abfinden, daß sie alt sind. Sie betrachten das Alter als eine unerträgliche Last. Schuld daran ist oftmals, daß sie allein oder einsam, behindert oder finanziell schlecht gestellt sind. Manchmal handelt es sich bei ihnen aber auch einfach um Menschen, die es versäumt haben, sich auf das Alter vorzubereiten. Oder es sind Menschen, die das Alter deshalb als Streßzustand empfinden, weil sie in ihrem Leben so viel gestreßt wurden, daß ihre Reserven an Anpassungsenergie verbraucht sind.

Im Grunde hat jede Lebensphase ihr spezielles Maß an Streß, das von denen, die sich in ihr befinden, oftmals als übermäßig stark empfunden werden mag.

Das Ungeborene wird durch die Zigarette der Mutter gestreßt; die Geburt ist ein schwerer Streß; zu strenge, zu gleichgültige oder auch zu großzügige Eltern können ihre

Kinder chronisch stressen. Eine Mathematikarbeit kann stressen, eine Prüfung, die Ausbildungszeit, die ersten Tage an einer neuen Arbeitsstelle, das mühselige Sichemporarbeiten, das Klimakterium – kurz, das ganze Leben ist voller Streßsituationen und nicht allein das Alter. Wenn man aber schon in der Jugend auf diese Dinge vorbereitet wird, hat man später unter den unweigerlich eintretenden Streßsituationen weniger zu leiden.

Das benachteiligte Geschlecht

Ob Krieg oder Frieden – der Mann stirbt früher als die Frau. Diese statistisch belegte Tatsache gilt für alle Industrienationen. Streß heißt die Antwort, allerdings nicht die ganze. Denn schon in der ersten Lebenswoche sterben bedeutend mehr Jungen als Mädchen, manchmal bis zu einem Drittel mehr. Männer erleiden auch mehr Unfälle in der Jugend, in der sie unausgeglichener, wagemutiger und spontaner sind als Frauen.

Aber auch Hormone spielen bei der relativ frühen Sterblichkeit des Mannes eine Rolle. Die Frau hat dem Mann gegenüber den Vorteil, daß sie bis zum Klimakterium durch ihre Östrogene gegen die Entstehung der Arteriosklerose und deren Folgeerscheinung, den Herzinfarkt, an dem so viele Männer in den besten Jahren sterben, ein wenig geschützt ist. Entscheidend aber für die Entwicklung der Arteriosklerose ist der Streß, und den Männern sagt man nach, sie stünden mehr unter Streß als die Frauen, weil sie vor allem durch den noch größeren Zwang zum Geldverdienen und zum Erfolg stärker belastet seien. Daß diese Belastungen des Alltags den Männern stark zusetzen, zeigt sich übrigens auch in der höheren Selbsttötungsziffer.

Dies sind nur einige Gründe, warum das starke Geschlecht in Wirklichkeit und in bezug auf die Streßtoleranz das schwächere Geschlecht ist. Die Folge ist, daß die Frau den Mann beispielsweise in der Bundesrepublik um etwa sechs Jahre überlebt. Wahrscheinlich würde auch die Angleichung des Pensionsalters der berufstätigen Frau an das ihres männlichen Kollegen die geringere Lebenserwartung des Mannes nicht ausgleichen. Der Mann ist in dieser Hinsicht von Natur und Staat zugleich benachteiligt.

Der Streß, eine Frau zu sein, ist also, wenn man den Statistiken Glauben schenken kann, wohl weniger gefährlich; dennoch wird man das Leben der Frau nicht unbedingt als leichter ansehen können. Ihr großer Vorteil ist, daß sie besonders gesundheitsbewußt denkt und handelt, was sich auch auf ihre Langlebigkeit auswirkt.

Ein Held sein strengt an

Wenn die Berichte über die amerikanischen Mondfahrer stimmen, dann scheinen die meisten Astronauten in irgendeiner Form darunter zu leiden, daß sie plötzlich Helden der Nation geworden sind. Warum gerade sie offenbar mit dem Leben nicht mehr richtig fertig werden, hat viele Gründe, die zum Teil in ihnen selbst und zum Teil in der Gesellschaft liegen. Es bedarf einer großen psychischen Stabilität, wenn man den verführerischen Angeboten der Gesellschaft, die häufig Streß bedeuten, nicht verfallen will.

Und daß auch der Besitz zu vielen Geldes Streß bedeuten kann und in unserem Kulturkreis manchmal mehr streßt als der Mangel daran, wird gelegentlich unterschätzt, obwohl natürlich Armut und Arbeitslosigkeit wohl immer eine große Belastung sind, die auch krank machen kann. Aber die Streßsituationen sind Legion, und in diesem Rahmen können nur einige wenige erwähnt werden.

In ständiger Angst vor Unheil

Wir erwarten immer etwas: von uns selbst, von anderen Menschen, vom nächsten Tag. Das ist bis zu einem gewissen Grad völlig normal. Aber nicht wenige Menschen erwarten in ihrer Vorstellung immer das Schlimmste. Wenn sie zu ihrem Chef gerufen werden, überlegen sie, was sie wohl verbrochen haben; wenn sie einen Polizisten in der Ferne sehen, meinen sie, er warte nur auf sie, etc. Bei ihnen wird die normale Erwartungseinstellung zu Erwartungsangst.

Wenn solche von Angst erfüllte Menschen beispielsweise zum Zahnarzt müssen, schlafen sie in der Nacht zuvor schlecht und sitzen in Gedanken schon einige Stunden vorher auf dem Folterstuhl. Erwartungsangst kann man abbauen – durch Konzentration auf etwas Erfreuliches oder auf eine Arbeit, die man besonders gern tut, durch das Psychohygiene-Training mit seiner PT-Atmung (darauf wird später noch eingegangen), durch Autogenes Training, spannende Lektüre, ablenkende Gesellschaftsspiele und vor allem durch Bewegung.

Tod am Spielfeldrand

Informationen über das Tagesgeschehen können für einige Menschen zu Belastungen werden. Was diese Menschen am Tage gesehen, gehört oder erlebt haben, erleben sie im Traum noch einmal. Ob Hungersnot in Indien, Erdbeben in Chile oder Unfall auf der Autobahn, ob Verbrechen oder Todesnachricht – sie träumen davon. Als eine 42jährige Lehrerin in den Tagesnachrichten im Fernsehen eine Feuersbrunst gesehen hatte, sah sie sich nachts im Traum von Flammen umgeben und von einem sicheren Rückzugsweg abgeschnitten. Am folgenden Tage war sie nicht in der Lage, ihren Dienst aufzunehmen, weil dieser Alptraum immer noch in ihr nachwirkte. Das traumhafte Nacherleben als Streß.

Auch das unmittelbare intensive Mit- und Nacherleben von streßreichen Situationen ist Streß.

Wie stark dieser Streß beispielsweise für den Zuschauer von Sportveranstaltungen sein kann, zeigt der Tod am Spielfeldrand, auf der Tribüne oder vor dem Fernseher während eines aufregenden Spieles.

Der Zuschauer reagiert wie der Spieler, ohne jedoch die Möglichkeit des Ausgleiches zu haben. Aus diesem Grund ist der Streß des Mitgehens und Miterlebens beim Sport häufig schwerer als der des Spielens. Das gilt auch für den intensiv mitreagierenden Beifahrer im Auto.

Zuschauer, die ein Herzleiden haben, sollten nach der Veranstaltung wandern oder zu Fuß vom Sportplatz nach Hause gehen. Und ihre Ehefrauen sollten zwischendurch ruhig einmal antippen: »Na, bist du schon auf 80?« Oder: »Soll ich dir Beruhigungstabletten geben?« und ähnliche Fragen stellen.

Vor dem Fernsehapparat kann man zur Abreaktion auf der Stelle laufen oder Kniebeugen machen.

Die Fähigkeit, sich bei Anlässen dieser oder anderer Art zu distanzieren und sich selbst auf die Schippe zu nehmen, wird mit zunehmenden Jahren wichtiger als in der Jugend, wo das Herz noch belastungsfähig ist und die Arterien noch elastisch sind.

Belastung durch Selbstüberforderung

Man muß in der Jugend erst lernen, seine Grenzen abzustekken und sie zu akzeptieren. Aber viele Menschen lernen es nie, sie überfordern sich ständig, laden sich immer mehr Lasten auf und machen Anschaffungen, die in keinem Verhältnis zu ihren Fähigkeiten und Möglichkeiten stehen. Das kann bei einem Wagen beginnen, der zu teuer für sie ist. Und es kann bei einem Eigenheim enden, dessen Kauf so viele Entbehrungen mit sich bringt, daß der damit verbundene Streß nicht durch das Hochgefühl ausgeglichen wird, das eigener Besitz verleihen kann.

Häufig sind vegetative Störungen die Folge. Oder Angst- und depressive Verstimmungszustände, die sogar zu Selbstmordgedanken führen können. Oder Minderwertigkeitsgefühle, die aus der bitteren Erkenntnis heraus entstehen, daß man den hohen Anforderungen, die man an sich selbst stellt, nicht gewachsen ist. Innere Konflikte dieser Art wirken genauso als Streß wie äußere; auch sie können von Natur aus Gesunde umwerfen. Und mehrere solcher belastenden Konfliktsituationen unterhöhlen auch die stabilste Gesundheit.

Existentielle Frustration

Geborenwerden hat bereits ein Ziel, einen Sinn, in sich: die größtmögliche Entfaltung. In der Natur sieht man dieses Prinzip bestätigt. Wer dieses Ziel aber nicht erkennt, wird oftmals unruhig und sucht auf die verschiedenste Art und Weise nach dem Sinn des Lebens. Der Wiener Psychiater Viktor E. Frankl führt dazu aus: »Die Neurose von heute haben wir in vielen Fällen auf eine existentielle Frustration zurückzuführen, auf ein Unerfülltgebliebensein des menschlichen Anspruchs auf ein möglichst sinnerfülltes Dasein.« Man wird an eine kühne Definition des Begriffes Neurose erinnert, die C. G. Jung vor rund 70 Jahren vornahm: Danach ist sie ein Leiden der Seele, »die nicht ihren Sinn gefunden hat«.

Wer sein Leben als sinnlos empfindet, neigt dazu, es für »einen Augenblick voller Seligkeit« wegzuwerfen. Dann werden Drogen interessant, der Rausch der Geschwindigkeit etc. Der Homo faber wird zum Homo ludens oder gar zum Homo »nonsens«.

Schwerkranke sagen nicht selten, sie hätten am Leben vorbeigelebt oder ihr Leben nicht gelebt. Eine derartige Frustration führt zu Streß und wird zum Krankheitsfaktor. Was kann man Menschen empfehlen, die der Ansicht sind, ihr Leben falsch zu leben? Dienst am Nächsten vielleicht, oder den Versuch, sich das Leben liebenswert zu machen – durch Liebe zu einem Menschen, Tier oder Hobby. Man kann nicht genügend betonen, daß Liebe unser Leben verwurzelt und intensiviert. Liebe gibt uns im Streß des Alltags Rückhalt. Liebe ist stets tiefstes Leben.

Im Schockzustand

Ein Bild, das jeder kennt – ein Unfall: Bleich und fahl liegen die Insassen der Fahrzeuge neben den Unglückswagen und warten auf den Abtransport ins Krankenhaus. Ihr Puls ist nicht zu fühlen, das Herz aber schlägt wie rasend, der Blutdruck ist stark abgefallen und nur schwach vernehmbar, Hände und Füße sind kalt. Kalter Schweiß steht ihnen auf der Stirn. Oft erfassen sie ihre Situation gar nicht, manchmal sind sie bewußtlos. Auch wenn die Verunglückten keine äußeren Verletzungen haben, sind sie benommen.

Das sind die Symptome des Schocks. Und Schock ist Streß, durch Schock sterben die meisten Unfallopfer. Schock ist ein Anpassungsversagen; die allgemeine Abwehrkraft des Körpers ist zusammengebrochen.

Einen Schock können nicht allein die Beteiligten an einem Unfallgeschehen bekommen, auch Zeugen eines solchen Geschehens werden davon betroffen – allerdings meist in leichterer Form. Zittern von Händen und Knien, ein flaues Gefühl in der Magengegend, vermehrtes Schwitzen usw. treten bei einigen Autofahrern schon auf, wenn sie langsam an einer Unfallstelle vorbeifahren.

Weiter kann Schock auftreten bei plötzlich einsetzenden Krankheiten, bei starken Schmerzen oder in Schrecksituationen allgemeiner Art. Auch bei Knochenbrüchen, vor allem bei Oberschenkelbrüchen, lassen sich schwere Schockzustände beobachten.

Jeder sollte wissen, wie er in einem solchen Fall helfen kann. In Kursen für Erste Hilfe lernt er es. An erster Stelle steht bei der Schockbekämpfung die Blutstillung – sofern stark blutende Wunden da sind. Dann wird der Geschockte in die sogenannte Schocklage gebracht: Man legt ihn flach auf den Rücken und hebt seine Beine gestreckt bis zur Senkrechten, damit das Blut in den Kopf zurückfließen kann. In dieser Lage hält man die Beine einige Zeit und schiebt später einen geeigneten Gegenstand – bei einem Autounfall beispielsweise ein Kissen oder einen Koffer – unter sie. Ist es kalt, deckt man den Verunfallten zu, um einen zu großen Wärmeverlust zu vermeiden. Ein Notruf muß unverzüglich veranlaßt werden.

Weitere Beispiele für Streßgefährdete

Es wurde bereits erwähnt: die streßreichen Situationen und Stressoren sind Legion, und dementsprechend groß ist die Zahl der Menschen, die zu negativen Streßreaktionen neigen. Sie alle zu nennen wäre eine unlösbare Aufgabe.

Da sind unter anderem die Übersensiblen, die leicht Verletzlichen, denen man eine dickere Haut wünschen möchte, oder die Zögerer und Zauderer, denen ihre eigene Unentschlossenheit Qualen bereitet. Und da sind die Perfektionisten, die an jeder noch so nebensächlichen Arbeit herumfeilen, als ginge es um ihr Leben. Sie machen sich selbst und meist auch ihrer Umgebung das Leben schwer. Häufig handelt es sich bei ihnen um ängstliche Menschen, die nicht unter Zeitdruck zu arbeiten vermögen. Kein Wunder, daß ihnen Aufgaben schnell zum Streß werden. Aber auch den Unkonzentrierten und Flatterhaften wird eine Arbeit leicht zuviel.

Wer zu ehrgeizig und zusätzlich vielleicht noch aggressiv ist, läuft Gefahr, Streßkrankheiten zu bekommen. Das gleiche gilt für den neidischen und eifersüchtigen, den leicht zornigen und wütenden, den anpassungs- und entspannungsunfähigen Menschen.

Unter Streß steht, wer in innere oder äußere Konflikte geraten ist; wer von einem schweren Schicksalsschlag getroffen wurde – Tod oder Krankheit eines nahestehenden Menschen, Scheidung, Vermögensverlust etc. –, wer krank ist – denn ebenso wie Krankheit durch Streß entstehen kann, wird durch Krankheit wiederum Streß verursacht –, wer körperbehindert ist etc.

Leben ohne negativen Streß

Trotz der unendlich vielen Möglichkeiten, in Streßsituationen zu geraten, gibt es offenbar noch einige Menschen, die ohne krankmachenden Streß leben. Sie sind in unzugänglichen Gebirgstälern und auf einsamen Inseln zu finden – nur bei uns nicht.

Denken wir an die Bewohner der Vulkaninsel Tristan da Cunha im Südatlantik. Als 1961 ein Vulkan die einzige Ortschaft der Insel mit Asche zu überschütten drohte, siedelte man die Menschen nach England um. Aber schon wenige Jahre danach hatten sie das moderne Leben satt, und als der Vulkan sich beruhigt hatte, wollten von den 153 Erwachsenen 148 wieder zurück in die Einsamkeit ihres winddurchpeitschten Eilands. Das ungewohnte Leben in Großbritannien hatte sie krank gemacht. Kälte, Nebel, Sturm, einförmige Ernährung, primitive Häuser ohne Zentralheizung – alle diese Nachteile ihrer Heimat empfanden sie nicht als Streß. Auf ihrer kargen Insel waren sie auch weniger oft erkältet als im Mutterland, wo einige von ihnen dauernd grippale Infekte bekamen, die sie nur schwer abzuschütteln vermochten.

Ein anderes Beispiel für Menschen, die pathologischen Streß nicht zu kennen schienen, sind die Eingeborenen, die man 1970 in der Halbwüste Westaustraliens entdeckte. Sie hatten bis dahin völlig abgeschlossen gelebt. Obwohl ihnen nur sieben verschiedene Pflanzenarten und gelegentlich Echsen oder Beuteltiere als Nahrung zur Verfügung standen, waren sie körperlich völlig gesund und machten auch auf die Gruppe von Forschern, die sie entdeckte, einen zufriedenen und glücklichen Eindruck. Wenn man weiß, daß beispielsweise in New York oder Berlin mehr als die Hälfte der Bevölkerung nicht ganz gesund ist, erkennt man, wie stark wir doch von unserer Umwelt beeinflußt werden. Und man erkennt zugleich: wir selbst müssen alles nur Erdenkbare tun, um wieder gesund zu werden oder um gesund zu bleiben.

Nun soll die Devise natürlich nicht heißen »Zurück zur Natur«, sondern zurück zu einer gesunden Lebensweise. Trotz der Stressoren Lärm, Hast, Hetze, Unruhe, überfüllte Straßen, verpestete Luft, mit Chemikalien verseuchte Nahrung – der Weg zu Zivilisationsschäden ist keine Einbahnstraße. Wir können uns gegen die Gefahr solcher Schäden wehren, wir selbst müssen es tun und dürfen es nicht dem Staat, dem Arzt oder der Kasse überlassen, die Initiative zu ergreifen.

3. Testteil: Stehen Sie unter Stress?

Sind Sie streßempfindlich?

Beantworten Sie alle Fragen und geben Sie jeweils nur eine Antwort.

»Ja« bekommt zwei Punkte, »mitunter« einen Punkt und »nein« keinen Punkt.

Die Auswertung finden Sie jeweils im Anschluß an die Fragen.

		Ja	mit-unter	nein
1	Ärgern Sie sich leicht?			
2	Sind Sie übersensibel?			
3	Sind Sie in allem sehr genau?			
4	Sind Sie ehrgeizig?			
5	Sind Sie leicht ängstlich?			
6	Sind Sie unzufrieden mit Ihrer Situation?			
7	Werden Sie leicht ungeduldig?			
8	Können Sie sich schwer für etwas entscheiden?			
9	Sind Sie leicht aufgeregt?			
10	Sind Sie neidisch?			
11	Sind Sie eifersüchtig?			
12	Fühlen Sie sich unsicher in Gegenwart Ihres Chefs?			
13	Fühlen Sie sich unentbehrlich auf Ihrer Arbeitsstelle?			
14	Müssen Sie häufig unter Zeitdruck arbeiten?			
15	Leiden Sie an Minderwertigkeitsgefühlen?			
16	Mißtrauen Sie Ihrer Umgebung?			
17	Können Sie sich nicht mehr über Kleinigkeiten freuen?			
	Übertrag:			

		ja	mit-unter	nein
	Übertrag:			
18	Können Sie Ihre Sorgen nicht vergessen?			
19	Rauchen Sie mehr als 5 Zigaretten täglich? Rauchen Sie hin und wieder Pfeife oder Zigarren?			
20	Rauchen Sie mehr als 20 Zigaretten täglich? Rauchen Sie häufig Pfeife oder Zigarren?			
21	Rauchen Sie mehr als 30 Zigaretten täglich? Rauchen Sie ständig Pfeife oder Zigarren?			
22	Schlafen Sie schlecht?			
23	Fühlen Sie sich morgens wie gerädert?			
24	Sind Sie wetterempfindlich?			
25	Beträgt Ihr Puls in Ruhe über 80 pro Minute?			
26	Haben Sie Übergewicht?			
27	Sind Sie bewegungsfaul?			
28	Haben Sie öfter Herzschmerzen?			
29	Haben Sie dunkle Ringe unter den Augen?			
30	Sind Sie lärmempfindlich?			
31	Haben Sie leicht Kopfschmerzen?			
32	Haben Sie häufig Magenbeschwerden?			
33	Schwitzen Sie bei Aufregungen leicht an den Handinnenflächen?			
34	Essen Sie viel tierisches Fett (Wurst, Eier, fettes Fleisch usw.)?			
35	Essen Sie oft Süßigkeiten?			
36	Fahren Sie mit Ihrem Auto zur Arbeitsstätte?			
	Summe:			

Ergebnis:

1– 6 Punkte: Sie sind wirklich streßstabil, man kann Ihnen nur gratulieren.

7–13 Punkte: Sie haben einige Schwächen, befinden sich jedoch noch im Bereich der Norm. Aber Sie sollten etwas gegen Ihre schwachen Stellen tun.

14–20 Punkte: Der Streß beißt Sie, Sie müssen systematisch an sich arbeiten, um Ihre Streßtoleranz zu erhöhen.

21–30 Punkte: Sie sind streßempfindlich und sollten zusammen mit Ihrem Arzt überlegen, ob nicht eventuell mehr dahintersteckt. Auf jeden Fall müssen Sie sich ausreichend Bewegung verschaffen und sich um Gelassenheit bemühen.

31 Punkte und mehr: Sie laufen Gefahr, sich vorzeitig zu verschleißen. Eine Lebensumstellung tut not. Regelmäßige ärztliche Kontrollen scheinen unumgänglich.

Der Wochen-Streß-Test

Kreuzen Sie die entsprechenden Felder abends an. Drei Viertel der Befragten erkannten erst durch diesen Wochen-Streß-Test, daß sie ein streßreiches Leben führen. Häufig kann man den Streß allein schon dadurch reduzieren, daß man streßbedachter lebt.

	Haben Sie	Mo	Di	Mi	Do	Fr	Sa	So	Pkt.
1	schlecht oder zu wenig geschlafen?								
2	sich auf der Fahrt von oder zur Arbeitsstätte geärgert?								
3	bei der Arbeit Ärger gehabt?								
4	unter Druck arbeiten müssen?								
5	unter Lärm gelitten?								
6	mehr als 3 Tassen starken Kaffee getrunken?								
7	mehr als 10 Zigaretten geraucht?								
8	zu viel getrunken?								
								Übertrag:	

		Mo	Di	Mi	Do	Fr	Sa	So	Pkt.
	Übertrag:								
9	zu wenig Bewegung gehabt?								
10	zu fett oder zu viel gegessen?								
11	zu viel Süßigkeiten gegessen?								
12	persönliche Probleme gehabt?								
13	Überstunden gemacht?								
14	zu Hause Ärger gehabt?								
15	Zweifel an Ihrer Arbeitsleistung gehabt?								
16	Kopf- oder Herzschmerzen oder Magenbeschwerden gehabt?								
								Summe:	

Ergebnis:

1–20 Punkte: Gratulation, daß Sie so wenig Punkte haben. Aber wo und wie leben Sie, daß Sie so selten unter Streß stehen? Oder gehören Sie vielleicht zu denen, die es gar nicht merken, wenn sie gestreßt werden? Oder brauchen Sie gar mehr Streß, um voranzukommen?

21–40 Punkte: Im Vergleich zu anderen müssen Sie immer noch wenig Streß hinnehmen. Dennoch sollten Sie vorbeugen, damit es nicht mehr wird.

41–60 Punkte: Passen Sie auf, daß der Streß Sie nicht verzehrt. Sie müssen gezielt Streß abbauen, sonst stellen sich Krankheiten ein. Es wird Sie wenig trösten, daß die Mehrzahl der Befragten so viele Punkte hat wie Sie.

über 61 Punkte: Achtung – Sie sind besonders streßgefährdet. Ändern Sie Ihre Lebensweise sofort, ehe Sie krank werden oder vorzeitig altern. Mit etwas weniger Streß läßt es sich auch leben, vor allem leben Sie dann gesünder. Gehen Sie Frage für Frage durch und überlegen Sie sich, wie Sie den Streß jeweils verringern können.

Das Anti-Streß-Programm bietet Ihnen viele Möglichkeiten dafür.

Sind Sie herzinfarktgefährdet?

In jedem Jahr gibt es in der Bundesrepublik ca. 400000 Herzinfarkte. Mindestens 100000 der Betroffenen sterben daran. Befürchten Sie daher nicht, Sie könnten auch davon betroffen werden?

Prüfen Sie mit Hilfe dieses aus den USA stammenden und von mir erweiterten Standardtests selbst:

	Alter	Punkte	Ihre Punkte
1	20–30	1	
2	31-40	2	
3	41-50	3	
4	51-60	4	
5	über 60	6	
	weiblich	1	
	männlich	2	
	Streß		
1	Ist Ihr Leben streßreich? Nein	0	
2	Ist Ihr Leben streßreich? ein wenig	4	
3	Ist Ihr Leben streßreich? ja	8	
4	Ist Ihre Arbeit streßreich? nein	0	
5	Ist Ihre Arbeit streßreich? ein wenig	4	
6	Ist Ihre Arbeit streßreich? ja	8	
		Übertrag:	

		Punkte	Ihre Punkte
	Übertrag:		
	Erbfaktoren		
1	Keine Blutsverwandten mit Herzinfarkt	0	
2	1 Blutsverwandter mit Herzinfarkt nach dem 60. Lebensjahr	1	
3	1 Blutsverwandter mit Herzinfarkt vor dem 60. Lebensjahr	3	
4	2 Blutsverwandte mit Herzinfarkt vor dem 60. Lebensjahr	6	
5	3 Blutsverwandte mit Herzinfarkt vor dem 60. Lebensjahr	8	
	Rauchgewohnheiten		
1	Nichtraucher	0	
2	Zigarre, Pfeife, aber ohne zu inhalieren	1	
3	Zigarre, Pfeife, mit Inhalieren	3	
4	10 Zigaretten tgl. oder weniger mit Inhalieren	2	
5	20 Zigaretten tgl. mit Inhalieren	4	
6	30 Zigaretten tgl. mit Inhalieren	6	
7	40 Zigaretten tgl. mit Inhalieren	8	
	Ernährungsgewohnheiten		
1	So gut wie kein Verzehr tierischer Fette wie Eier, Wurst, Sahne, Butter	1	
2	Verzehr vorwiegend tierischer Fette, aber in geringen Mengen	3	
3	Reichlicher Verzehr tierischer Fette	7	
	Blutdruck		
1	Unter 130/80	0	
2	bis 140/90	1	
		Übertrag:	

		Punkte	Ihre Punkte
	Übertrag:		
3	bis 160/90	2	
4	bis 180/90	4	
5	darüber	8	
	Körpergewicht		
1	Idealgewicht (Größe über 100 cm in kg weniger 10%)	0	
2	5 kg über Normalgewicht (Normalgewicht ist die Größe über 100 in kg)	2	
3	10 kg über Normalgewicht	3	
4	15 kg über Normalgewicht	4	
5	20 kg über Normalgewicht	5	
6	Darüber	6	
	Bewegung		
1	Starke körperliche Betätigung im Beruf; aktiver Freizeitsport	0	
2	Mäßige körperliche Betätigung im Beruf; unregelmäßiger Freizeitsport	1	
3	Sitzende Berufstätigkeit, aber gelegentliches Wandern oder Arbeiten im Garten	3	
4	Sitzende Tätigkeit und keine Bewegung in der Freizeit	5	
		Summe:	

Ergebnis:

Bis 10 Punkte: Ihr Infarktrisiko liegt ganz klar unter dem Durchschnitt.

11–18 Punkte: Ihr Infarktrisiko liegt noch unter dem Durchschnitt, das sollte Sie aber nicht in Sicherheit wiegen. Überlegen Sie sich, wie Sie vielleicht noch einige Verbesserungen erzielen können.

19–25 Punkte: Durchschnittliches Infarktrisiko.

26–32 Punkte: Etwa jeder sechste Bundesbürger stirbt an einem Herzinfarkt. Wenn Sie nicht dazugehören wollen, sollten Sie sich regelmäßig ärztlich untersuchen lassen. Sehen Sie zu, wie Sie die Punktzahl verringern können.

über 33 Punkte: An Herzinfarkt sterben muß kein Schicksal sein. Mit Ihrem Arzt sollten Sie überlegen, wie Sie Ihre zu hohe Punktzahl reduzieren können.

Was den Bundesbürger streßt

Was empfindet der Bundesbürger als Streß? Was ist für ihn der stärkste Stressor? Wie unterscheiden sich die verschiedenen Lebens- und Berufsgruppen bezüglich der Bewertung einzelner Streßfaktoren voneinander? Was betrachten Raucher und Nichtraucher, Arbeiter und Angestellte, Frauen und Männer als Streß?

Auf diese und ähnliche Fragen eine Antwort zu erhalten war das Anliegen einer Untersuchung, die ich zusammen mit dem Diplompsychologen H. J. Henning und dem Programmierer E. W. Dempewolf von November 1973 bis Anfang Januar 1974 vor allem im Rheinland durchführte. Angeregt zu dieser Untersuchung wurden wir durch die Arbeit von Thomas H. Holmes.

Unsere Untersuchungsergebnisse erheben nicht Anspruch darauf, in jeder Weise repräsentativ zu sein. Da aber 251 richtig ausgefüllte Fragebogen ausgewertet werden konnten, die aus allen Schichten der Bevölkerung eingingen, ist der Aussagewert der Ergebnisse hoch.

Holmes hat den mittleren Wert seiner Untersuchungsergebnisse als »Lebensveränderungseinheiten« bezeichnet. Sie sind mit Streßeinheiten gleichzusetzen. Der Grenzwert beträgt Holmes zufolge 200 solcher Streßeinheiten. Ein Mensch, der diesen Grenzwert erreicht, sollte sein Leben unverzüglich ändern, meint Holmes.

Ein kurzer Vergleich zwischen den Antworten, die Holmes bei seiner Befragung erhielt, und denen, die uns gegeben wurden, zeigt einige Übereinstimmungen, aber auch viele Abweichungen. So sind die von uns Befragten im allgemeinen etwas »streßempfindlicher«, im besonderen fällt dies auf hinsichtlich »Geldschwierigkeiten«, »sexuellen Schwierigkeiten«, »Eheschwierigkeiten« und »Ärger mit dem Chef«.

Bei Holmes war »Tod des Ehepartners« von vornherein mit »100« festgelegt; wir verzichteten auf eine solche Festlegung. Die Ergebnisse seiner Befragung sehen so aus:

	Mittelwert		Mittelwert
Tod des Ehepartners	100	Schwangerschaft	40
Scheidung	73	Sexuelle Schwierigkeiten	39
Eheliche Trennung	65	Familienzuwachs	39
Gefängnisstrafe	63	Neuanfang im Berufsleben	39
Tod eines nahen Familienangehörigen	63	Finanzielle Veränderungen	38
Eigene Verletzung oder Krankheit	53	Tod eines guten Freundes	37
Eheschließung	50	Berufswechsel	36
Entlassung	47	Wachsende Ehestreitigkeiten	35
Versöhnung der Ehepartner	45	Hypothek über 100000 Dollar	31
Pensionierung	45	Kündigung einer Hypothek oder eines Darlehens	30
Krankheit in der Familie	44	Geänderter Verantwortungsbereich im Beruf	29
Kinder verlassen Elternhaus	29	Änderung der kirchlichen Aktivitäten	19
Ärger mit der angeheirateten Verwandtschaft	29	Änderung der gesellschaftlichen Aktivitäten	18
Persönliche Hochleistung	28	Hypotheken oder Darlehen unter 10000 Dollar	17
Anfang oder Ende der Berufstätigkeit der Ehefrau	26	Änderung der Schlafgewohnheiten	16
Schulbeginn oder -abschluß	26	Änderung in der Häufigkeit der Familientreffen	15
Änderung des Lebensstandards	25	Änderung der Eßgewohnheiten	15
Änderung persönlicher Angewohnheiten	24	Urlaub	13
Ärger mit dem Chef	23	Weihnachten	12
Änderung von Arbeitszeit und -bedingungen	20	Geringfügige Gesetzesübertretungen	11
Wohnungswechsel	20		
Schulwechsel	20		
Änderung der Freizeitgestaltung	19		

Auf dem von uns ausgearbeiteten Fragebogen wurden die häufigsten Streßsituationen angeführt, wobei darauf hingewiesen wurde, daß unter Streß in diesem Zusammenhang alles verstanden werden sollte, was Geist und Körper schädigt oder in (krankmachender) Spannung hält. Den Befragten stand ein Wertebereich von 0 (kein krankmachender Streß) bis 9 (höchste Belastung) zur Verfügung. Sie wurden aufgefordert, jede Situation zu bewerten, auch solche, in denen sie sich nicht befanden.

Hier die Mittelwerte:

Zahl der Befragten: 251

Streß im Beruf

		Mittelwert
1	Schlechte Arbeitsbedingungen	62
2	Hohen Anforderungen nicht gewachsen	61
3	Kündigung erhalten	60
4	Akkordarbeit / unter Zeitdruck arbeiten	60
5	Ärger mit dem Chef	55
6	Ärger mit den Mitarbeitern	51
7	Berufswechsel	47
8	Doppelbelastung durch Beruf und Hausarbeit	46
9	Nachtarbeit	45
10	Arbeitsplatzwechsel	41
11	Überstunden / Wochenendarbeit	40
12	Zusätzliche Aufgaben bekommen	35
13	Vorträge halten, Mitarbeiter ausbilden	32
14	Arbeitsweg	23
15	Kantinenessen	15

Streß zu Hause

		Mittelwert
16	Tod des Ehepartners	86
17	Tod eines nahen Angehörigen oder Freundes	73
18	Schwere Krankheit / Unfall	72
19	Scheidung	70
20	Schwere Krankheit von Angehörigen	68
21	Gerichtliche Auseinandersetzung	60
22	Einbruch / Überfall / Hausbrand	60
23	Erb- oder Eheauseinandersetzungen	53
24	Lärm	51
25	Geldschwierigkeiten	50
26	Schlechter Schlaf / Schlaflosigkeit	50
27	Wohnungskündigung	50
28	Ärger über sich selbst	46
29	Starkes Trinken (Alkohol)	46
30	Schlecht verbrachter Urlaub	45
31	Verschlechterung des Lebensstandards	45

		Mittelwert			Mittelwert
32	Sexuelle Schwierigkeiten	44	40	Mieterhöhung	36
			41	Starkes Rauchen	35
33	Unzufrieden mit der Preisentwicklung	41	42	Belastung durch Kinder	33
			43	Familienzuwachs	33
34	Umzug / Wohnungswechsel	40	44	Reparaturen in Wohnung / Haus / am Auto	29
35	Ärger über Verwandte / Kinder	39	45	Ärger über Nachbarn	28
36	Mit starken Rauchern zusammenleben / -arbeiten	39	46	Eheschließung	28
			47	Urlaub mit dem Auto	27
			48	Erkältung / Grippe	27
37	Viel Auto fahren müssen	39	49	Pensionierung	24
38	Zu viel essen	37	50	Familienfest / Ostern / Weihnachten usw.	23
39	Unzufrieden mit Behörden	37			

Um einen Vergleich mit den Ergebnissen der amerikanischen Untersuchung zu ermöglichen, wurden unsere Zahlen auf das Zehnfache erhöht unter entsprechender Bereinigung der Stellenwerte hinter dem Komma.

Ungeachtet der unterschiedlichen Anzahl der Befragten in den einzelnen Gruppen ergab sich bei den Mittelwerten im allgemeinen eine weitgehende Übereinstimmung. Bei der Auswertung der Befragungsergebnisse fiel folgendes auf: Frauen scheinen im allgemeinen streßbewußter zu sein als Männer; die Werte sind bei den Männern geringfügig höher in bezug auf »sexuelle Schwierigkeiten« und in punkto »Familienzuwachs«; außerdem sind die befragten Männer unzufriedener »mit den Behörden«; Nichtraucher – in der Mehrzahl Frauen – sind im Schnitt streßempfindlicher als Raucher. Ebenso sind den Ergebnissen zufolge Angestellte, die keine leitende Stellung haben, meist streßempfindlicher als leitende Angestellte. Als stärksten Streß im Berufsleben betrachtet man nicht die Kündigung, sondern schlechte Arbeitsplatzbedingungen.

Wenn man die Ergebnisse weiter aufschlüsselt, zeigt sich, daß von allen Befragten Arbeiter den Streß, den es bedeutet, eine Kündigung zu erhalten, am geringsten erachten (49), Angestellte (61) und Beamte (62) dagegen deutlich höher.

Was Nachtarbeit betrifft, so empfinden Arbeiter sie als besonders streßreich (55), hingegen messen ihr Beamte den geringsten Wert bei (37).

Ärger mit dem Chef regt Frauen mehr auf (57) als Männer (52), Nichtraucher (58) mehr als Raucher (49), Angestellte (55) mehr als Arbeiter (52), nicht leitende Angestellte (56) mehr als leitende Angestellte (53).

Einem Arbeitsplatzwechsel geben Rentner die höchste Streßnote (51), für Selbständige ist er viel weniger belastend (35), für Frauen bedeutet er mehr Streß (42) als für Männer (39), für Nichtraucher (42) mehr Streß als für Raucher (38).

Ein Berufswechsel stört Beamte am meisten (54) und Arbeiter am wenigsten (45) – in der Gruppe der Angestellten liegt der Mittelwert bei 48 –, Nichtraucher (51) mehr als Raucher (42).

Hohen Anforderungen nicht gewachsen zu sein, wird allgemein als großer Streß empfunden: Hausfrauen stehen hier an der Spitze (69), es folgen Selbständige (64), Arbeiter (62), Angestellte (60), Beamte (57). Die Gruppe der Frauen (64) liegt hier vor der der Männer (57), die der Nichtraucher (63) vor der der Raucher (57).

Schlechte Arbeitsplatzbedingungen werden – wie schon erwähnt – offenbar als der höchste Streß im Berufsleben betrachtet: Die Werte betragen bei Arbeitern 69, Hausfrauen 69, Angestellten 63, Beamten 49, nicht leitenden Angestellten 66, leitenden Angestellten 56; in der Gruppe der Nichtraucher liegen sie bei 63 und bei den Rauchern bei 60.

Der Weg zum Arbeitsplatz ist für Frauen streßreicher (24) als für Männer (22); weitere Werte sind: 24 für Angestellte, 18 für Arbeiter, 17 für Beamte, 16 für Selbständige, 24 für Nichtraucher und 21 für Raucher.

Der Tod des Ehepartners wurde nur von den befragten Arbeitern bis zu 42 Jahren sowie von den Rentnern durchweg mit 90 bewertet; Frauen (88) bewerteten ihn höher als Männer (83), Nichtraucher (87) höher als Raucher (83); bei den Angestellten ergab sich als Mittelwert 86, bei den Beamten und Selbständigen jeweils 85 und bei den Arbeitern 83.

Schwere Krankheit und Unfall treffen Rentner (80), Arbeiter und Hausfrauen (jeweils 77) härter als Angestellte (72) und Selbständige (63); der Wert für Frauen beträgt 76, für Männer 69, für Nichtraucher 73 und für Raucher 72.

Den Streß einer Scheidung fürchten am meisten Rentner und Beamte (jeweils 78), am wenigsten Arbeiter (69) und Selbständige (62); andere Werte sind: Nichtraucher 71 und Raucher 69, Frauen 72 und Männer 69.

Eine Mieterhöhung belastet Rentner (57) mehr als Selbständige (43), Arbeiter und Angestellte (jeweils 36) mehr als Beamte (29).

Eine Wohnungskündigung streßt ebenfalls die Rentner am meisten (62), es folgen Selbständige (57), Angestellte (50), Arbeiter (49), Beamte (47); der Wert für Nichtraucher liegt bei 51, der für Raucher bei 48.

Starkes Rauchen ist wie folgt verpönt: Rentner 56, Hausfrauen 40, Beamte 39, Selbständige 35, Angestellte 34, Arbeiter 28; Frauen 38 und Männer 33, Nichtraucher 39 und Raucher 28; die Gruppe der jungen Menschen bis 29 bewertet den Streß starken Rauchens am niedrigsten (23).

Groß sind die Differenzen in der Streßbewertung, wenn es darum geht, mit starken Rauchern zusammenzuleben oder zusammenzuarbeiten: Hausfrauen 53, Rentner 52, Selbständige 43, Beamte 40, Angestellte 37 und Arbeiter 35; Frauen (43) erweisen sich hierbei als empfindlicher als Männer (36), Nichtraucher (48) sind – wie nicht anders zu erwarten – sehr viel empfindlicher als Raucher (25).

Kaum weniger auffällig sind die Differenzen bei der Beantwortung der Frage nach der Streßbewertung starken Trinkens: Hausfrauen 61, Rentner 60, Beamte 47, Selbständige 42, Angestellte 45, Arbeiter 39; bei den Nichtrauchern beträgt der Wert 48, bei den Rauchern 44; bei den Frauen insgesamt ist er mit 52 sehr viel höher als bei den Männern (41). Junge Menschen bis 29 haben hier – wie auch schon beim Rauchen – die niedrigsten Werte notiert (Mittelwert 34).

In bezug auf starkes Essen haben Hausfrauen am empfindlichsten reagiert (54), gefolgt von Rentnern (45), Angestellten (37), Arbeitern und Beamten (jeweils 34) und Selbständigen (26); Frauen (41) unterscheiden sich hierin wenig von Männern (37), Nichtraucher (38) kaum von Rauchern (37).

Die Werte hinsichtlich sexueller Schwierigkeiten sind ziemlich einheitlich, allerdings: je jünger die Befragten, desto eher neigen sie dazu, höhere Werte einzutragen.

Lärm wird ebenfalls als starker Streß empfunden, die Unterschiede zwischen den einzelnen Gruppen sind hierbei gering: Arbeiter 62, Hausfrauen 53, Beamte 52, Angestellte 50, Selbständige 48.

Über sich selbst ärgern ist kein geringer Streß: Beamte können es am besten (52), ihnen folgen Angestellte (47), Selbständige und Arbeiter (jeweils 40); weitere Werte bei der Beantwortung dieser Frage sind: in der Gruppe der Nichtraucher 47 und bei Rauchern 46, bei Frauen 48 und bei den Männern 45.

Weitergehende Schlußfolgerungen zu ziehen – etwa wie Professor Holmes es tat –, scheint mir nicht berechtigt zu sein. Dazu müßte man mehr über den Gesundheitszustand der Befragten und ihre seelische und körperliche Belastbarkeit wissen.

ZWEITER TEIL

Das Anti-Streß-Programm

Streßbekämpfung durch Ausgleich

Gesundheit, Wohlbefinden, Leistungsfähigkeit – wir können sie meist nur durch eigene Kraft erreichen und bewahren. Wer seine schwerverdiente Pension im Alter genießen möchte, kann das nur, wenn er nicht nur finanziell, sondern vor allem auch gesundheitlich vorsorgt. Sobald im Körper Streßreaktionen auftreten, sollte man gegen sie angehen. Es muß zum Reflex werden, sie umgehend zu bekämpfen. Die meisten Menschen jedoch tun nichts; sie lassen die durch Streß ausgelösten chemischen Veränderungen im Körper bestehen und unterstützen den auf lange Sicht gefährlichen Prozeß vielleicht sogar noch, indem sie sich die Streßsituation in unbewußt selbstquälerischer Weise noch einmal vergegenwärtigen. Das Nacherleben von Streßsituationen aber ist erneuter Streß, wie wir bereits wissen.

Die folgenden Trainingsvorschläge, Tips, Tages- und Wochenprogramme erfordern ein Mindestmaß an eigenen Bemühungen, vor allem auch an eigenem Willen, dem Streß vorzubeugen oder seinen Auswirkungen zu begegnen. Jeder sollte selbst entscheiden und ausprobieren, welche Vorschläge für ihn am geeignetsten sind. Dabei ist zu berücksichtigen, daß die Anregungen aus den drei Bereichen körperliche Bewegung, Ernährung und Psychohygiene einander *ergänzen.*

Sinnvoll ist es also, sich mit *allen* angeschnittenen Themen auseinanderzusetzen und dann eine persönliche Auswahl des Nachzuvollziehenden zu treffen. Erst dann ist ein optimaler Anti-Streß-Programm-Erfolg gewährleistet.

1. Mehr körperliche Bewegung

Streß mobilisiert – wie schon erwähnt – bei Mensch wie Tier alle Kräfte: Kampf oder Flucht heißt die Entscheidung. Die Muskeln spielen dabei eine wichtige Rolle. Sie sind einsatzbereit, in Alarmstellung, für sie ist Streß ein Signal zur Mobilmachung. Aber im Gegensatz zum Tier kann der gestreßte Mensch im allgemeinen weder fliehen noch angreifen. Und wenn auch der Alarm wieder abgeblasen wird – so schnell wie die Bereitstellung der Kräfte erfolgte, so langsam normalisiert sich der Zustand an sich.

Man hat den treffenden Vergleich gefunden, ein solcher Mensch reagiere wie ein Weitspringer, der mit voller Kraft und Konzentration zum Weitsprung ansetzt, dann aber nicht abspringen darf.

Die zwangsläufige Folge ist, daß etwas Schlimmes geschieht. Es besteht darin, daß sich die bereitgestellten Kräfte jetzt gegen den eigenen Körper richten. Denn Streßreaktionen kann man nicht einfach abstreifen – sie haften, sie durchdringen den ganzen Körper. Denken wir also den Gedanken mit dem Weitspringer zu Ende und springen tatsächlich ab, wenn auch mit Verzögerung. Tun wir es nicht, so handeln wir etwa so, als ob wir unseren Wagen mit laufendem Motor vor dem Haus stehen lassen. Je schneller wir den Motor abstellen, desto besser. Ebenso ist es mit dem Streß, er arbeitet in uns, also müssen wir ihn auch »abstellen«. Das aber geschieht mit Hilfe der Bewegung, der körperlichen Betätigung.

Wer gestreßt wurde, muß sich bewegen, nach Möglichkeit sofort. Bewegung nach Streß ist unumgänglich. Sie ist das billigste, normalste und wohl auch wichtigste Antistreßmittel. Wer sich nach Streß nicht bewegt, versündigt sich gegen seinen Körper. Bewegung ist weit mehr als Streßabbau, sie ist das einzige komplette Entstressungsmittel: Sämtliche Streßreaktionen im Körper werden auf natürliche Art und Weise abgebaut.

Auf den Alltag bezogen, müßte die praktische Schlußfolgerung lauten: Wenn sich ein Arbeitnehmer zu Unrecht von seinem Chef getadelt fühlt, läßt er sofort seine Arbeit liegen und macht erst einmal eine Streß-Entspannungsrunde um den nächsten Block.

Aber spontane Streßentladungen können auch anders aussehen: Man läuft in seinem Arbeitsgebäude schnell die Treppen herauf und herunter oder macht in seinem Zimmer soviel Kniebeugen wie möglich.

Zur Aktivität verurteilt

Worin unterscheiden sich Mensch und Maschine, wenn sie nicht laufen? Der Mensch verkommt, die Maschine hingegen wird geschont.

Die Muskeln sind das größte Organ des Menschen. Und ein Organ kann nur dann normal arbeiten, wenn es gefordert wird. Würdigt man das »Lauftier« Mensch ganz wider seine Natur zum »Sitztier« herab, zum Homo sedens, dann reagieren die Muskeln wie alle anderen Organe mit Rückschritt: Sie verkümmern. Und jeder »unterdrückte Fluchtreflex«, jede Streßreaktion, bewirkt zusätzlich, daß sich die Muskeln verspannen und verkrampfen.

Wer in Gesundheit alt werden will, sollte sich täglich wenigstens etwas bewegen, um die Streßreaktionen aus seinem Körper zu treiben. Alter ist kein Hinderungsgrund, im Gegenteil: Es verpflichtet sogar dazu. Im Alter sollte man vernünftig genug sein, einzusehen, daß der beste Weg zur Gesundheit der Fußweg ist, wie der Dichter G. Seume es formulierte. Es gibt kaum einen Methusalem, der sich nicht regelmäßig und maßvoll körperlich bewegt hätte.

Selbst im Weltraum wird die körperliche Bewegung als Streßtraining eingesetzt.

Die erste Besatzung des Weltraumlabors Skylab litt nach ihrem Raumflug von 28 Tagen unter gesundheitlichen Störungen, die vorwiegend auf den Bewegungsmangel und die Schwerelosigkeit zurückzuführen waren. Sie hatte sich täglich nur 30 Minuten körperlich belastet. Die Folge war unter anderem, daß die Wadenmuskulatur der Männer schrumpfte, daß sie »Storchenwaden« bekamen. Aber auch die Herzmuskulatur schrumpfte geringfügig. Die zweite Besatzung mußte daher 60 oder 90 Minuten täglich körperlich trainieren; ihr Tagesplan hatte darauf Rücksicht zu nehmen. In erster Linie wurde jetzt der Kreislauf geübt, und zwar durch ein Spezialtraining auf einem Tretrad. Aber auch auf ein Krafttraining wurde Wert gelegt, damit die Muskeln nicht schrumpften.

Daher mußte die Besatzung Expanderübungen und Übungen gegen einen Widerstand machen.

Der Mensch – ein Bewegungstier

Von Hunden weiß jedes Kind, daß sie laufen müssen. Sperrt man sie zu lange in einer Stadtwohnung ein und läßt sie dann heraus, so sind sie vor »Freude« kaum zu bändigen. Sie suchen instinktiv ihren Drang nach Bewegung zu befriedigen. Bei Pferden ist es ebenso. Wenn sie während einer Regenperiode im Stall bleiben müssen, überkommt sie der Stallmut: Sie werden unruhig, »als ob sie der Hafer gestochen hätte«.

Sicherlich wäre ein Vergleich mit dem Verhalten mancher Menschen nicht problemlos. Aber was denn anderes tun jüngere Schulkinder in den Pausen, wenn sie nach Schluß der Unterrichtsstunden auf den Schulhof stürmen? Es bedarf eines langen Erziehungsprozesses, ehe der Schüler sich angepaßt hat und würdig, gesetzten Schrittes, in den Pausen daherspaziert, ehe also sein Bewegungsdrang gezähmt ist. Und wenn man gesehen hat, wie alte Menschen, selbst über 80jährige, begeistert Gymnastik betreiben, dann möchte man glauben, der Vergleich mit dem Stallmut der Pferde habe doch seine Berechtigung.

Was geschieht, wenn man den natürlichen Bewegungsdrang unterdrückt? Bei Tieren ging man der Frage nach. Man ließ eine Gruppe von Ratten schwimmen und holte sie nach einer bestimmten Zeit wieder aus dem Wasser; eine andere Gruppe blieb in einem engen Käfig. Hunde mußten Tretmühle laufen, und Enten bekamen freien Auslauf – als Kontrolle ließ man Artgenossen im Käfig eingesperrt zurück. Was nicht anders zu erwarten war, trat ein: Die aktiven und sich bewegenden Tiere blieben kerngesund und überlebten ihre zu Untätigkeit gezwungenen Artgenossen, die vor allem eine typische Bewegungsmangelkrankheit entwickelten: Kreislaufbeschwerden.

Auch beim Menschen, insbesondere beim jungen Menschen, gibt es Hinweise dafür, daß es nicht jedem gelingt, ohne Störung den natürlichen Bewegungsdrang zu unterdrücken. Bewegungsmangel wird zum Stressor. Menschen, die an Bewegungsmangel leiden, fühlen sich frustriert. Und Bewegungsmangel-Frustration ist nicht der geringste negative Stressor im Leben.

In Südamerika, beispielsweise in Buenos Aires, der Hauptstadt Argentiniens, findet man Sportstadien, in denen nicht nur die Profis, sondern auch die jungen Menschen aus der ganzen Nachbarschaft schwimmen sowie Tischtennis, Tennis, Volleyball usw. spielen können. Dort fühlt sich die Jugend aus der Umgebung des Stadions zugehörig, weil sie selbst Gelegenheit hat, sich durch Sport abzureagieren. Infolgedessen ist die Kriminalität in solchen Vierteln geringer als in anderen Teilen dieser Stadt. Aktiv betriebener Sport als Ventil für Frustrationen, Aggressionen und Streßreaktionen.

Wer eine Dreistundenwanderung hinter sich hat, ein Fußballspiel oder harte Gartenarbeit, dessen Muskeln signalisieren dem Nervensystem das Verlangen nach Ruhe, nach Entspannung und Gelassenheit. Wer sich auf diese Weise bewegt, betreibt beste Psychohygiene. In zahlreichen Büchern über Psychohygiene oder über Streß wird das Thema Bewegung gar nicht erwähnt. Bewegung aber ist meist der Zentralpunkt jeder Art von Abreaktion. »Herrlich ist's, auf grünen Pfaden die Seele rhythmisch zu entladen.«

Bewegungsmangel macht krank

Wer sich nicht bewegt, hat es außerordentlich schwer, körperlich und psychisch im Gleichgewicht zu bleiben. Schon ein Hauch von Streß wirft ihn um. Er entwickelt vegetative Störungen wie Schlaflosigkeit, Müdigkeit, Abgespanntheit, Nervosität usw. Kreislaufbeschwerden stellen sich ein; es kommt zum Bild der vegetativen Dystonie. Auch der Blutdruck steigt oftmals an. Arteriosklerose und Fettsucht werden gefördert. Bewegung wirkt beiden entgegen. Wer sich nicht bewegt, bekommt häufiger einen Herzinfarkt als der ständig Sporttreibende oder körperlich Arbeitende.

Genau das gleiche Bild zeigt sich auch bei dem Kranken, der einen Herzinfarkt gehabt hat. Wenn die Ärzte ihn nicht zur Bewegung »antreiben«, ihn nicht richtig motivieren, kann er »sich zu Tode schonen«.

Wer bewegungsfaul und dick ist, riskiert, sich im Alter einen Diabetes zuzuziehen. Durch Bewegung dagegen stabilisiert sich das Erscheinungsbild des Diabetes; wenn der Betreffende dann noch schlank wird, kann er oftmals selbst die Symptome eines jahrelang bestehenden Diabetes völlig zurückdrängen.

Die Haltungsschwächen werden bei Bewegungsträgen zu Haltungsschäden, die an Knochen, Bändern und Muskeln auftreten und vor allem die Wirbelsäule, aber auch den gesamten übrigen Körper ungünstig beeinflussen. Rückenschmerzen sind eine Zivilisationserscheinung, deren Ursache meist im vielen Sitzen und im Bewegungsmangel zu suchen ist.

Vielleicht kann man sogar so weit gehen, das frühe Sterben eine zum großen Teil auf Bewegungsmangel zurückzuführende schlechte Gewohnheit zu nennen. Befragungen besonders alter Menschen im Kaukasus, im Himalaja und in den Anden ergaben, daß sie von früher Jugend bis ins späte Alter in Bewegung waren. Sie haben sich noch auf ihre beiden Ärzte verlassen, das linke Bein und das rechte Bein, wie eine englische Redensart sagt. »Laufend länger leben« lautet ein bewährtes Gesundheitsrezept. Wenn wir uns nicht mehr ausreichend bewegen, leiden wir doppelt unter Streß und beginnen zu altern. Ein arbeitender Muskel hingegen hat keine Zeit zum Altern.

Wer also beim Treppensteigen schnell außer Atem gerät, wer leicht bei der Arbeit ermüdet, unter Kopfschmerzen, Nervosität oder Verstopfung leidet, wer abends mit kalten Füßen vergeblich auf den Schlaf wartet, der sollte sich ernsthaft überlegen, ob für ihn nicht ein Ausdauertraining das Richtige wäre.

Haß, Ärger, Frustrationen sind die schlimmsten Stressoren, fand schon Selye.

Unterdrückter Ärger und nicht ausgelebte Frustrationen

machen krank, weil sie als Dauerstreß wirken. Und weil man den Ärger hinunterschluckt und in sich hineinfrißt, anstatt ihn durch Bewegung abzuschütteln.

Jedes Bewegungstraining ist daher ein Anti-Streß- und Gesundheitstraining.

Es ist aber auch ein Krankheitsverhütungstraining: Bei Sportlern ist der Krankenstand niedriger als bei Nichtsportlern, und sie leben – wie jetzt endlich auch statistisch nachgewiesen ist – länger als Nichtsportler. Was Beten und Meditieren für die geistige Gesundheit ist, ist die Bewegung für die körperliche Gesundheit.

Das Wandern ist des Deutschen Lust

Im alten Griechenland glaubte man, durch Laufen eine bessere Gehirndurchblutung erzielen und infolgedessen auch philosophische Probleme leichter lösen zu können. Diese antike Weisheit hat sich besonders Kant zunutze gemacht.

Nach einer langen Wanderung kommt auch ein Nervöser ruhig und entspannt nach Hause. Schlechte Laune verfliegt durch Bewegung; ebenso wird das Beschwerdendickicht psychosomatischer Krankheiten wie Asthma, Magengeschwür, Darmstörungen etc. gelichtet. Selbst depressive Verstimmungen, vor allem reaktiver Art, hellen sich auf.

In Deutschland ist das Wandern ein Sport mit alter Tradition. Jetzt scheint dieser Sport eine neue Blüte zu erleben. Wo gibt es sonst noch eine solche Fülle von organisierten Wanderungen? Wandertage an Schulen sind eine feste Einrichtung, und die Betriebsräte sind gut beraten, wenn sie den Betriebsausflug zu einem Wandertag machen.

In den meisten Sprachen der Welt fragt man »Wie geht es dir?« Einige Völker fragen auch direkt: »Wie gehst du?« Wer nicht mehr gehen kann, ist schlecht dran. Und dennoch: Vielerorts ist der Fortschritt zum »Fortsitz« geworden. Wenn es so weit gekommen ist, kann der Wandersport »Arzt am Krankenbett des deutschen Volkes« werden, wie Konrad Adenauer sagte, den u. a. die mehr als 70 Stufen zu seinem Haus in Rhöndorf bis ins hohe Alter fit hielten.

Man sollte sich rechtzeitig, das heißt in der Jugend, an das

Wandern gewöhnen, damit es später zu einer lieben Gewohnheit wird. Wandern hat den Vorteil, daß man es auch im Alter je nach Stimmung, Wetter und Zeit dosiert praktizieren kann.

Viele Menschen haben an sich selbst erfahren, daß sich Krampfaderleiden durch das Wandern in Grenzen halten und die Thromboseanfälligkeit zurückgeht.

Einseitiger Sport als Streß

Bisher war nur von der heilsamen Wirkung des Sports oder der Bewegung in Streßsituationen die Rede. Aber wir wissen, daß auch die Bewegung zu einem Stressor werden kann: wenn sie unter Zwang erfolgt, wenn man sie nicht mag oder wenn sie im Übermaß durchgeführt wird. In solchen Fällen bietet sich zur Streßabreaktion keine neuerliche, wenn auch andersartige Bewegung an: Streß durch Bewegung wird im allgemeinen nicht durch Bewegung ausgeglichen. Eine Ausnahme bilden körperliche Belastungen, bei denen eine gezielte Entspannungsgymnastik ausgleichend wirkt.

Jedes Zuviel an Bewegung kann also Streßreaktionen im Körper auslösen. Aber auch relativ maßvolle körperliche Betätigung kann Streß hervorrufen, wenn der Organismus vorgeschädigt ist. So wird beispielsweise Sport zum Stressor, wenn man sich nicht wohl fühlt. Wer nach einer abgeklungenen Virusgrippe zu früh wieder mit dem Sport beginnt, riskiert sein Leben. Andererseits sind auch schon phantastische Rekorde von Läufern aufgestellt worden, denen noch eine gewöhnliche Erkältung im Körper steckte. Daher muß im Einzelfall der Arzt entscheiden, ob und wieviel Sport betrieben werden kann.

Einer Sondergruppe gehören jene jungen Menschen an, die bei starker körperlicher Betätigung plötzlich und unerwartet an akutem Herzversagen sterben. Fast immer trifft ein solcher Herztod Menschen, bei denen sich Verkalkungsherde, arteriosklerotische Veränderungen an den Gefäßen, nachweisen lassen. Jedenfalls läßt sich mit größter Sicherheit sagen, daß diese Art von massivem körperlichem Streß jedes vorgeschädigte Herz schwer und manchmal auch tödlich belasten kann.

Dieses Beispiel zeigt auch, daß Gesundheitserziehung niemals isoliert gesehen werden darf: Eine vernünftige Lebensweise umfaßt Körper – Ernährung, Bewegung – und Psyche – Lebensführung – zugleich. Wer das eine vom anderen trennt, kann Schaden stiften. Mit anderen Worten: wenn ich zu fett esse, kann mich manchmal auch aktiver Sport nicht vor einem Herzinfarkt retten; wenn ich mich dauernd hetzen lasse, kann ich u. U. auch durch eine herzfreundliche Kost nicht an einer Angina pectoris vorbeikommen.

Es ist das Sportleben, was wir als Streßprophylaxe suchen, nicht die einzelne Sportart. Denn Sport im Sinne eines Wettkampfes oder -spieles ist oftmals nicht nur körperlicher, sondern auch psychologischer Streß. Gerade die Zeit vor dem Wettkampf ist für viele Sportler Streßzeit. Wenn die psychische Belastung nicht zu groß ist und wenn der Sportler sie richtig einsetzt, kann die Streßreaktion allerdings auch Höchstleistungen begünstigen.

Massive Überschreitungen der eigenen Leistungsgrenze können – bei außergewöhnlicher Leistungsbereitschaft – zum totalen Zusammenbruch führen. Erinnern wir uns an die Schlacht von Marathon 490 v. Chr., als die an Zahl weit unterlegenen Athener unter Miltiades die Perser entscheidend besiegten. Die Siegesbotschaft nach Athen sollte der schnelle Philippides überbringen. Nachdem er die 42,2 km von Marathon nach Athen in schnellstem Tempo zurückgelegt hatte, brach er mit dem Ruf »Wir haben gesiegt« auf dem Marktplatz tot zusammen.

Wenn man wohl auch kaum für die Wahrheit dieser Geschichte bürgen kann, so hätte sie doch passieren können: Sobald die Leistungsreserven aufgebraucht sind, zählt jede Verausgabung von Kraft als »doppelter« Streß.

Ähnlich ist es auch im Fall der zum Glück seltenen angeborenen Fettstoffwechselstörungen. So ist ausgerechnet der »Vater des Jogging«, J. Fixx, während des Laufens an einem Herzinfarkt gestorben. Sein Vater, der ebenfalls an dieser Erkrankung litt, starb, als er noch keine 50 Jahre alt war. Er jedoch wurde rund zehn Jahre älter, und das ist unter diesen Umständen ein schöner Erfolg des Jogging.

Wie Churchill sich selbst streßte

Die Verantwortung, die Churchill im letzten Krieg zu tragen hatte, war bestimmt nicht beneidenswert. Unter ihrer Last wären sicherlich sehr viele Menschen zusammengebrochen. Aber Churchill fühlte sich den Anforderungen gewachsen und hatte keine gesundheitlichen Störungen. Eines Tages jedoch ließ er seinen Arzt rufen, weil er unter Herzschmerzen litt: Er hatte versucht, sein Schlafzimmerfenster zu öffnen, und diese vorwiegend statische Muskelbeanspruchung von geringer Stärke brachte sein Kreislaufsystem so durcheinander, daß er das Herz schmerzhaft spürte. Wahrscheinlich war nicht genügend Sauerstoff zum Herzmuskel gelangt.

Tatsächlich belasten statische oder isometrische Anstrengungen Herz und Kreislauf oftmals mehr als dynamische. So ist Stillstehen für die meisten schwerer als Gehen. Man setzt den Körper beim Tragen eines schweren Koffers, beim Heben einer ungewohnten Last, aber auch bei einem schweren Stuhlgang so unter Druck, daß der Blutdruck ganz erheblich ansteigt. Wer ein Kreislaufsystem mit leichten Schäden hat – deren man sich oftmals gar nicht bewußt ist –, kann auf diese Weise wie Churchill einen Herzanfall provozieren. Daher sei davor gewarnt, sich zu schnell und zu intensiv ungewohnten statischen Belastungen zu unterziehen.

Belastungen dieser Art sind Stressoren. Einer ähnlichen Belastung »verdankt« ein 44jähriger Arzt eine Störung seiner Schilddrüsenfunktion. Er wollte einen Steingarten anlegen. Da er sportlich war und sich auch ausreichend bewegte, mutete er sich selbst den Transport der Erde von einem Ende seines Gartens zum anderen zu. Mit einer Schubkarre brachte er mehrere Kubikmeter Mutterboden an den gewünschten Ort. Je mehr Erde er abtransportierte, je mehr der gewünschte Steingarten Form annahm, desto nervöser, zittriger und unruhiger wurde er. Sein Gesundheitsgleichgewicht war dahin: Er hatte durch sein Verhalten einen Schub einer Schilddrüsenüberfunktion ausgelöst.

Einseitige und ungewohnte körperliche Belastungen – selbst solche, an denen man Freude hat – können also das gesundheitliche Gleichgewicht erheblich stören.

Ausdauertraining als Streßprophylaxe

In der Sportmedizin heißt es: »Übung stärkt, Nichtüben schwächt, Übertraining schadet, dosierte Übung heilt.« Was wir als Antistreßmittel suchen, ist die Übung oder das Training, das darauf abzielt, die Leistungsfähigkeit auf einem bestimmten Gebiet beziehungsweise eines bestimmten Organs zu steigern. Voraussetzung dafür ist das systematische Wiederholen, in unserem Falle das Wiederholen allgemeiner oder bestimmter Bewegungsabläufe.

Die Trainingswirkungen lassen sich vergleichen mit dem auch beim Streß eine große Rolle spielenden Phänomen der Anpassung, von dem schon die Rede war. Anpassung heißt hier nichts weiter, als daß die Leistung eines Organs von der Anforderung abhängt, die an das Organ gestellt wird. Intensives Training führt zu gesteigerter Organfunktion. Wenn dagegen die Reize zu schwach sind, bleiben sie unterschwellig, und eine Anpassung kann nicht erfolgen.

Maximale Leistungen sind für unser Training nicht unbedingt erforderlich. Leichte Trainingsauswirkungen lassen sich bereits nachweisen, wenn man 30 % seiner eigenen Maximalkraft einsetzt; optimale Wirkungen zeitigt ein Training, bei dem der Trainierende über 60 % seiner Maximalkraft einsetzt.

Was wir brauchen, ist ein Ausdauertraining, denn ausschließlich dieses dient der Streßprophylaxe. Ausdauertraining wirkt sich ganz besonders günstig auf den Kreislauf und damit auch als Mittel gegen den Herzinfarkt aus. Der frühere langjährige Leiter des Instituts für Leistungsmedizin in Berlin, Professor H. Mellerowicz, schreibt dazu, man müsse täglich entweder mindestens 2000 Meter laufen oder 800 Meter schwimmen oder 10 km Kanu fahren oder 2 km rudern oder 5 km eisschnellaufen, um einen solchen Trainingseffekt zu erzielen.

Natürlich kommen intensives Radfahren, Fußballspielen (Handball, Hockey, Basketball usw.), Skilanglauf etc. ebenfalls in Frage.

Wer »keine Zeit dazu« hat oder keine Gelegenheit, sollte wenigstens abends zu Hause zehn Minuten lang die Treppen herauf- und herunterlaufen. Am Anfang nicht zu schnell; allmählich Tempo steigern.

Der Eilige kann sich auch ein Standfahrrad in sein Zimmer stellen und während der 15 oder 20 Minuten, die die Fernsehnachrichten dauern, radeln. Man findet einen solchen »Heimtrainer« immer häufiger in »guten Zimmern« – offensichtlich wächst in der Öffentlichkeit das Gesundheitsbewußtsein, was auch die zunehmende Beliebtheit der Fitneßstudios zeigt, die allerdings in erster Linie dem Muskel- und weniger dem Herztraining dienen.

Damit das Training auch kreislaufwirksam wird, muß der Puls bei allen diesen Belastungen auf bestimmte Werte ansteigen. Eine Faustregel besagt, daß er sich etwa zehn Minuten lang auf 180 minus die Zahl der Lebensjahre erhöhen soll. Dieser Wert sollte selbstverständlich – das sei nochmals betont – erst erreicht werden, nachdem man langsam begonnen und regelmäßig trainiert hat.

Natürlich kann man auch mit den Bewegungsübungen anfangen, wenn man schon älter ist. Aber bereits jeder, der die 40 überschritten hat und sich noch trimmen will, sollte sich vorher mit seinem Arzt besprechen. Das gilt auch für alle, die an irgendeiner Krankheit leiden. Der Arzt wird ihnen sagen, ob und wie stark sie sich belasten dürfen. Meist ist selbst bei chronischen Krankheiten – vor allem des Herzens – ein sich vorsichtig steigerndes Training ratsam. Man sollte sich aber nach Absolvieren eines solchen Bewegungsprogramms niemals völlig erschöpft fühlen. Wenn man danach andauernd gähnen muß und Kopfschmerzen bekommt, hat man des Guten zuviel getan. Wer nicht trainiert ist, sollte ganz langsam beginnen. Das kann nicht oft genug betont werden. Es zählt nicht die Leistung aus unseren besseren Tagen, als wir noch aktiv Sport betrieben, sondern die jetzige Leistung; sie ist der Maßstab, nach dem wir uns richten.

Für Anfänger und Eilige, die gern Gesundheitskarriere machen wollen und durch Bewegung fit und streßgefeit werden möchten, habe ich ein Kurzprogramm entworfen, das sich in der Praxis schon bestens bewährt hat. Machen Sie mit bei diesem Anti-Streß-Training.

Ein 14-Tage-Minimumprogramm mit Maximaleffekt

	Zimmerprogramm:	In frischer Luft:
1. Tag:	Im Sportdreß 2 Minuten langsam auf der Stelle laufen – auf zwei übereinandergelegten Teppichen, um die Nachbarn nicht zu stören. Der Puls sollte dabei um nicht mehr als 30 Schläge pro Minute steigen. Oder: Standfahrrad: Gegen geringen Widerstand 2 Minuten radeln. Oder:	15 Minuten lang schnell gehen.
2. Tag:	5 Kniebeugen machen und anschließend sofort 2 Minuten auf der Stelle laufen. Oder: Standfahrrad: 3 Minuten gegen leichten Widerstand radeln. Oder:	15 Minuten gehen, etwas schneller als gestern.
3. Tag:	6 Kniebeugen und gleich darauf 3 Minuten auf der Stelle laufen. Oder: Standfahrrad: 4 Minuten radeln, aber nicht zu schnell. Oder:	20 Minuten zügig wandern.
4. Tag:	Auf den Rücken legen und 5mal mit dem Oberkörper aufrichten, ohne die Beine vom Boden zu heben; sofort daran anschließend 7 Kniebeugen und dann 3 Minuten auf der Stelle laufen. Oder: Standfahrrad: 4 Minuten gegen leichten Widerstand radeln Oder:	Zügigen Schrittes 20 Minuten gehen.
5. Tag:	10 Kniebeugen und 3 Minuten auf der Stelle laufen. Oder:	25 Minuten zügig gehen (oder radfahren). Kleine

	Zimmerprogramm:	In frischer Luft:
	Standfahrrad: 5 Minuten radeln. Oder:	»Spurts«, indem man zwischendurch schneller geht (oder läuft) oder radfährt, erhöhen den Wert des Trainings.
6. Tag:	Auf den Teppich legen, 7mal mit dem Oberkörper hochkommen, ohne die Beine zu heben. Anschließend sofort 10 Kniebeugen machen sowie 5 Minuten auf der Stelle laufen. Oder: Standfahrrad: 6 Minuten radeln. Oder:	30 Minuten schnell wandern (radfahren).
7. Tag:	10 Kniebeugen und sofort daran anschließend 5 Minuten auf der Stelle laufen. Oder: Standfahrrad: 6 Minuten radeln bei etwas mehr Widerstand. Oder:	30 Minuten zügig wandern (radfahren).
8. Tag:	8mal aus dem Liegen mit dem Oberkörper hochkommen, ohne die Beine zu heben, daran anschließend 10 Kniebeugen und 5 Minuten auf der Stelle laufen (oder hüpfen). Oder: Standfahrrad: 6 Minuten radeln. Oder:	35 Minuten zügig wandern (radfahren).
9. Tag:	10 Kniebeugen und 6 Minuten auf der Stelle laufen. Oder: Standfahrrad: 7 Minuten radeln. Oder:	40 Minuten in flottem Tempo wandern.

	Zimmerprogramm:	**In frischer Luft:**
10.Tag:	10 Kniebeugen und 6 Minuten auf der Stelle laufen. Oder: Standfahrrad: 7 Minuten gegen etwas mehr Widerstand radeln. Oder:	40 Minuten in flottem Tempo wandern.
11. Tag:	9mal aus dem Liegen mit dem Oberkörper hochkommen, ohne die Beine zu heben, 10 Kniebeugen und 6 Minuten auf der Stelle laufen. Oder: Standfahrrad: 7 Minuten radeln. Oder:	40 Minuten im Eiltempo wandern.
12. Tag:	10 Kniebeugen und sofort daran anschließend 7 Minuten auf der Stelle laufen. Oder: Standfahrrad: 8 Minuten radeln. Oder:	40 Minuten rasch, aber immer gelockert gehen.
13. Tag:	10 Kniebeugen und 8 Minuten auf der Stelle laufen. Oder: Standfahrrad: 8 Minuten radeln. Oder:	45 Minuten stramm wandern.
14. Tag:	10mal aus dem Liegen mit dem Oberkörper hochkommen, dabei die Fersen am Boden lassen, sofort daran anschließend 10 Kniebeugen und 8 Minuten auf der Stelle laufen, mal schneller, dann wieder langsamer. Oder: Standfahrrad: 8 Minuten so schnell radeln, daß Sie am Schluß angenehm ermüdet sind. Oder:	45 Minuten schnell und gelöst und ohne Pausen gehen.

Fahren Sie danach fort, wie am 13. und 14. Tag zu trainieren. Geben Sie nicht auf: Gesundheit ist eine Leistung, die täglich neu errungen werden will. Man kann sie nicht rezeptiert bekommen, man muß sie sich erarbeiten – mühsam verdienen. Versuchen Sie, dieses Bewegungstraining systematisch durchzuführen. Darüber hinaus bemühen Sie sich, während der Arbeit, in den Pausen, nach Dienstschluß, vor dem Fernseher etc. soviel Bewegung zu bekommen wie nur irgend möglich.

Denken Sie immer daran: wenn Sie nur wenige Tage mit dem Üben aussetzen, erleiden Sie einen Trainingsverlust. Was hier angegeben wurde, ist ein Minimumprogramm. Sofern Sie genügend Zeit und Lust haben, können Sie täglich alle drei Übungen machen (Laufen auf der Stelle, Standfahrrad und Bewegung in frischer Luft). Entscheidend ist jedoch die Regelmäßigkeit, mit der Sie sich bewegen.

Wann üben wir? Es empfiehlt sich die Zeit nach dem Aufstehen oder der Abend. Wer nach dem Üben nicht einschlafen kann, sollte das Training zeitlich etwas vorverlegen. Hauptsache: täglich üben, nach Streßeinwirkung möglichst noch mehr als sonst.

Der Erfolg in Gestalt von Ausdauerleistungen wird nicht auf sich warten lassen. Und auch trainierte ältere Menschen können noch solche Leistungen vollbringen – man denke nur an den Lauf der alten Herren in Bad Brückenau, an dem auch über 80jährige teilgenommen haben. Oder an die Tatsache, daß selbst 60jährige noch Marathonstrecken in hervorragenden Zeiten zurücklegen.

Trainingswirkungen

Es gibt viele Menschen, die einem ehrlichen Herzens zu verstehen geben, sie hätten bei bestem Willen keine Zeit, ein solches Programm durchzuführen. Sie sollten umdenken lernen und ihre Werte umgruppieren, denn im allgemeinen hat man sogar Zeit für Dinge, die gänzlich überflüssig sind. Für Gesundheit muß einfach Zeit da sein, sonst ist bald Zeit für Krankheiten da.

Wenn der ehemalige britische Premierminister Heath

selbst während seiner Amtsperiode Zeit hatte, sich durch Hochseesegeln fit zu halten, wenn der frühere Generalbevollmächtigte der Krupp-Werke, Berthold Beitz, Zeit hat, durch Sport seinen Streß abzureagieren – ob es Ihnen dann nicht auch gelingt, ein paar Minuten für Ihre Gesundheit zu erübrigen? Sehen Sie sich die folgende Liste der positiven Auswirkungen unseres systematischen Anti-Streß-Trainings an: Sicher erkennen Sie auch für sich die Vorteile. Dabei ist diese Liste noch längst nicht vollständig. Wenn Sie mit dem Fitneß-Programm fortfahren, können auch Sie in den Genuß der Trainingswirkungen kommen. Hier sind sie in Stichworten:

1. Herz und Kreislauf
Durch das Ausdauertraining arbeitet das Herz ökonomischer, der Herzschlag sinkt ganz erheblich, so daß Sie dem Herzen pro Tag 20000 bis 50000 Schläge ersparen. Vor allem der obere (systolische) Blutdruck wird niedriger. Es bilden sich kleine Kapillargefäße, die das Herz besser mit Blut versorgen; dadurch ist die Überlebenschance größer, falls wirklich einmal ein Herzinfarkt auftreten sollte. Aber auch die Blutgefäße bleiben elastischer. Und die Leistungsreserven sind größer.

2. Blut
Es kommt zu einer Vermehrung der roten Blutkörperchen, des roten Blutfarbstoffs (Hämoglobin) und damit auch des Blutvolumens. Stoffwechselprodukte werden besser neutralisiert – eine Voraussetzung dafür, daß man nicht so schnell ermüdet. Hinzu kommt, daß der Milchsäurespiegel niedriger wird. Erhöhte Cholesterin- und Triglyzeridwerte sinken ein wenig, was für die Arteriosklerosebekämpfung wichtig ist. Sport ist Gefäßgymnastik. Und man ist so alt wie seine Blutgefäße.

3. Atemapparat
Bei Jugendlichen wird der Brustkorb breiter und tiefer. Aber auch bei Erwachsenen wird das Atemvolumen größer, man spricht von einer Leistungslunge. Dadurch kann mehr Sauer-

stoff aufgenommen werden. Die Lungen arbeiten ökonomischer. Bewegung ist ein sehr gutes Mittel zum Abhusten von Schleim oder Schmutz aus Bronchien und Lungen sowie zur Vorbeugung einer Blählunge (Altersemphysem).

4. Hormondrüsen

Der ganze Körper wird beeinflußt durch den Sport, auch die Hormondrüsen profitieren davon. Die Nebenniere – und zwar die Rinde – vergrößert sich, infolgedessen ist der Körper besser gegen Streß geschützt, Dauerleistungen lassen sich leichter erzielen. Der Stoffwechsel des Zuckerkranken stabilisiert sich, sein Insulinbedarf sinkt, seine Anfälligkeit für Arteriosklerose wird damit geringer.

5. Muskeln und Skelettsystem

Durch das Ausdauertraining wird der Muskel besser mit kleinen Blutgefäßen versorgt, die Blutversorgung wird besser, und auch der Abtransport von Stoffwechselprodukten wird gefördert. Es kommt zu einer Sauerstoffanreicherung im Muskel, ebenso zu einer Zunahme von Glykogen, das als zusammengesetzter Zucker dem Muskel während der Bewegung als Nahrung dient. Auch die Ökonomie der Bewegungsabläufe bessert sich. Außerdem kräftigt Übung die Knochen, und das ist im Alter außerordentlich wichtig.

6. Vegetatives Nervensystem (Lebensnervensystem)

Die vegetativen Regulationen werden ökonomisiert, was sich durch eine Stabilisierung von Herz-Kreislauf- und Atmungsfunktion bemerkbar macht. Streß heißt sympathicotone Einstellung des Körpers oder Konzentrierung aller Kräfte; Ausdauertraining dagegen unterstützt die Aufbauphase des Körpers. Auch die Magen-Darm-Tätigkeit wird normalisiert. Weiter wirkt das Ausdauertraining beruhigend und ausgleichend, das Einschlafen wird gefördert.

7. Erfolgserlebnis

Nehmen Sie sich anfangs nicht vor, eine bestimmte Leistung zu erzielen, sondern beginnen Sie so vorsichtig, wie dies im

Trainingsprogramm vorgeschlagen wurde. Dann nämlich freuen Sie sich über jede Verbesserung Ihrer Leistung. Wenn Ihre Erwartungen zu groß sind und Sie sich ein Ziel stecken, das Sie dann nicht erreichen, tritt ein Mißerfolgserlebnis auf, das wir vermeiden wollen. Gehen Sie daher systematisch vor, auch wenn Sie sicher sind, daß Ihr Leistungsniveau höher ist als das im Programm geforderte. Stellen Sie Ihr Inneres ganz auf »Ich schaffe es« ein, auf Freude an der Bewegung.

8. Entstressung
Nachdrücklich möchte ich noch einmal darauf hinweisen, daß intensive Bewegung, von der hier die Rede ist, alle Streßreaktionen im Organismus auf natürliche Art und Weise abbaut. Diesen Vorgang habe ich Entstressung genannt. Streßabbaumethoden wie das Autogene Training oder auch wie die Hobbytätigkeit sind dazu nicht in der Lage; sie haben andere Vorteile.

Streßreaktionen austanzen

Wie sehr Bewegung Freude machen kann, erlebt man beim Tanzen, einer wunderbaren Ergänzung und Alternative zum Ausdauertraining. Tanzen ist ein vorzügliches Mittel, Spannungen auszugleichen, Verkrampfungen zu lösen und Körper und Geist wieder in Schwung zu bringen.

Beim Streßabbau durch Tanzen spielt nicht nur die Bewegung, sondern auch die körperliche Berührung eine Rolle. Je mehr man mit Streß »aufgeladen« ist, desto mehr wird man zur Streßableitung rein instinktiv körperlichen Kontakt suchen. Die Berührung ist im Sinne der Abreaktion von Streß-Frustrationen ein wesentliches Element.

Natürlich hat Tanzen nur dann die Vorteile des Sports, wenn es intensiv betrieben wird. Wer den ganzen Abend lang nur ein- oder zweimal auf die Tanzfläche geht – wie das viele Männer zum Leidwesen ihrer Partnerin und zum Schaden ihrer Gesundheit tun –, wird oder bleibt dadurch natürlich nicht körperlich fit. Nur wenn man ohne längere Pausen tanzt und sich dabei körperlich verausgabt, kann man sich in Form bringen. Und nur dann ist Tanzen ein echter Ersatz für gezieltes Ausdauertraining. Wer also abends unermüdlich das Tanzbein schwingt, erleidet keinen Trainingsverlust, wenn er am gleichen Tag nicht auch sein gewohntes Ausdauertraining absolviert.

Schwimmtage einlegen

Zum Ausdauertraining und damit als Streßprophylaxe und -therapie geeignet ist auch das Schwimmen. Es gehört zu den empfehlenswertesten Sportarten und kann, da öffentliche Schwimmbäder heute auch in kleinen Gemeinden vorhanden sind, von jedem praktiziert werden. Aber wie bei allen Programmen dieser Art ist auch hier Vorsicht geboten: Schwimmen ist sehr anstrengend, es belastet das Herz, und man darf die Leistung daher nur langsam steigern. Wer völlig neu mit systematischem Schwimmen beginnt, sollte vorher seinen Arzt fragen, ob sein Herz-Kreislauf-System einer solchen Anstrengung gewachsen ist.

Wünschenswert ist, daß man mit gut 50 Prozent seines Leistungspotentials trainiert, weil man nur so in den Genuß der

Schwimm-Anti-Streß-Programm	
1. Woche:	10 Minuten lang ununterbrochen und gleichmäßig im Becken hin- und herschwimmen. Dreimal pro Woche.
2. Woche:	Wiederum dreimal in der Woche 10 Minuten lang gleichmäßig »Bahnen ziehen«; jetzt schon etwas zügiger.
3. Woche:	10 Minuten zügig schwimmen, dreimal in der Woche.
4. Woche:	15 Minuten schwimmen, zwischendurch nicht pausieren.
Ab 5. Woche:	Machen Sie es sich zur Gewohnheit, mindestens zweimal pro Woche jeweils 15 Minuten stramm durchzuschwimmen. Wechseln Sie während des Schwimmens ab zwischen Kraulen, Rücken- und – sofern Ihre Wirbelsäule es zuläßt – Brustschwimmen. Das Brustschwimmen ist wegen der einseitigen Belastung von Hals, Nacken und Wirbelsäule nicht für jedermann das Richtige; wer Rückenbeschwerden hat, wird oft einen anderen Schwimmstil vorziehen.

Vorteile des Ausdauertrainings gelangt: Herz, Kreislauf, Atmung, Muskulatur, Stoffwechsel und nicht zuletzt auch das vegetative Nervensystem werden günstig beeinflußt. Und wer Gewichtsschwierigkeiten hat, kann durch zügiges Schwimmen viele Kalorien verlieren.

Gymnastik – nicht nur für Frauen

Zu den Möglichkeiten, die Muskeln zu lockern und damit physische und psychische Verkrampfungen zu lösen, gehört die Gymnastik. Darüber hinaus regt sie den Kreislauf an und ist bei richtiger Zusammenstellung und Durchführung der Übungen sogar als Ausdauertraining zu gebrauchen.

Männer unterschätzen ihre Anwendungsbreite häufig. Dabei können sie sich mit täglich zehn Minuten Frühgymnastik nicht nur fit halten, sondern sogar durchtrainiert wie ein Sportler werden.

Nehmen Sie Ihre Gymnastik ernst. Treiben Sie sie an frischer Luft – auf dem Balkon oder bei offenem Fenster – und in Sportkleidung. Stellen Sie sich vor, aus jedem Fenster Ihrer Nachbarschaft würden Sie beobachtet. Daher strengen Sie sich an, ziehen Sie ruhig Ihre Morgenschau ab – Hauptsache, Sie wissen, warum Sie es tun. Machen Sie Ihre Übungen barfuß, suchen Sie sich eine geeignete Unterlage, auf der Sie auf der Stelle laufen oder hüpfen können. Die Unterlage sollte auf die Fußsohlen einen gewissen Reiz ausüben, was insofern von Nutzen ist, als in den Fußsohlen viele Nervenfasern zusammenlaufen, die in Verbindung mit den Organen stehen.

Üben Sie bei jedem Wetter und jeden Tag, auch sonntags. Wer über 50 Jahre alt ist, sollte seine Gymnastik gezielt zusammenstellen, damit er seine körperlichen Schwächen, die ganz erheblich stressen können, ausgleichen lernt. Nötigenfalls kann hierbei auch eine Krankengymnastin helfen.

Gymnastik-Anti-Streß-Programm für eine Woche

Hier nun ein Gymnastik-Wochenplan (von Seite 96–102), von dem alle Körperteile und Muskelpartien profitieren. Wie bei jeder Gymnastik beginnen wir stets mit Lockerungsübungen zum Warmmachen.

Wenn Sie alle diese Übungen intensiv und in schneller Folge durchführen, können Sie damit Ausdauerleistungen erzielen. An Ihrer Pulszahl können Sie feststellen, ob Sie sich so stark belastet haben, daß der Trainingseffekt einsetzen kann. Wenn das nicht der Fall ist – und das wird es häufig nicht sein –, sollten Sie nach Möglichkeit zusätzlich Ausdauerübungen anderer Art machen.

Sonntag:	**1** 2 Minuten auf der Stelle laufen, Arme und Beine dabei ausschütteln. **2** Beine grätschen – Knie durchdrücken – Rumpf beugen – Arme seitlich ausstrecken – mit den Fingerspitzen in Richtung Füße tippen – rechte Hand zum linken Fuß, linke Hand zeigt dabei nach oben – dann linke Hand zum rechten Fuß, rechte Hand nach oben. Jeweils 10mal.  **3** Füße nebeneinander stellen – Arme parallel zueinander nach vorn strecken – mit den rechten Fußzehen die rechte Hand zu berühren versuchen – mit dem linken Fuß die linke Hand – dabei Knie des Standbeins möglichst	durchgestreckt lassen. Insgesamt 20mal. 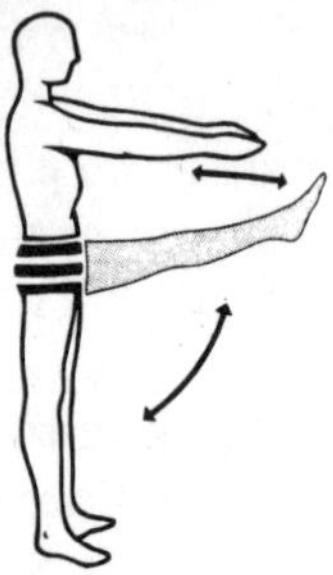 **4** Hinsetzen – Beine spreizen – mit den Fingern der rechten Hand den linken Fuß berühren – der linke Arm schwenkt dabei nach hinten – dann mit den Fingern der linken Hand den rechten Fuß berühren – der rechte Arm schwenkt dabei nach hinten – Knie gestreckt halten. Jeweils 10mal.  **5** Laufen Sie zum Schluß wieder auf der Stelle und schütteln Sie dabei immer wieder Arme und Beine aus. Etwa 2 Minuten.

Insgesamt kommen Sie zu Beginn Ihres Übens auf etwa 10 Minuten. Wenn Sie die Übungen später besser beherrschen, sind es nur noch knapp 8 Minuten, was bei intensiver Bewegung völlig ausreicht.

Montag:	**1** 2 Minuten auf der Stelle laufen – dabei aber das rechte oder linke Knie jeweils so hoch wie möglich bringen. **2** Beine weit grätschen – mit den Händen (Fingern und Handflächen) den Boden berühren – mit gestreckten Armen wieder aufrichten. 10mal. 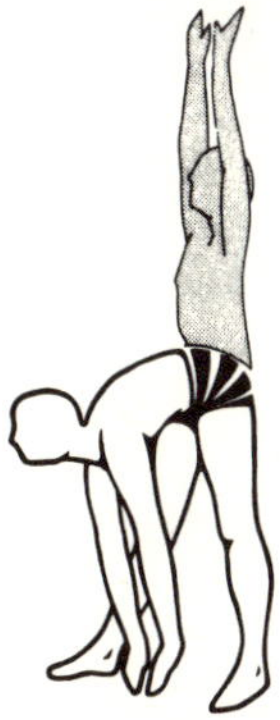 **3** In den Liegestütz gehen – mit dem rechten Fuß nach vorn springen – dabei das Becken hochschnellen lassen – dann mit dem linken Fuß. Jeweils 10mal.	 **4** Auf den Rücken legen – ohne die Beine zu heben mit dem Oberkörper hochkommen. 10mal. 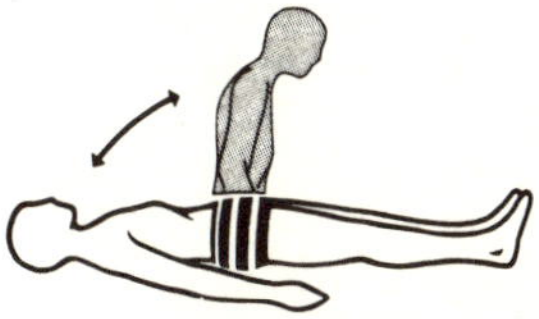 **5** Laufen Sie wieder 2 Minuten auf der Stelle und schütteln Sie alle Müdigkeit aus Ihren Gliedern.

Dienstag:

1 Immer abwechselnd auf jedem Bein 2–4mal hüpfen – wechseln Sie 2 Minuten lang auf diese Weise vom linken Fuß auf den rechten und vom rechten auf den linken. Falls die Anstrengung noch zu groß ist, wippen Sie nur 2–4-mal, ehe Sie auf den anderen Fuß überwechseln. Gerade ältere Menschen können so ihren Gleichgewichtssinn wieder etwas stärken.

2 Aufrecht hinstellen – tief Luft holen – beim Ausatmen in die Hockstellung fallen – schnell wieder aufrichten und dabei tief Luft holen und die Arme nach oben und hinten strecken. 10mal.

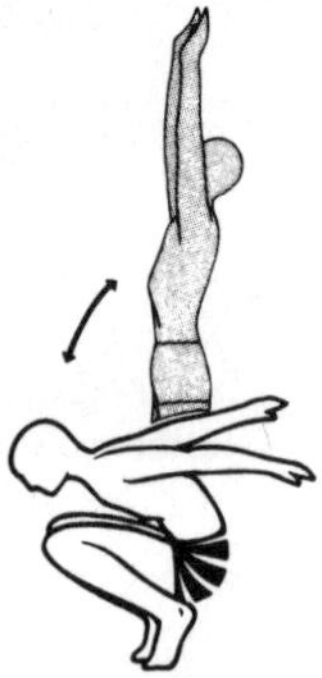

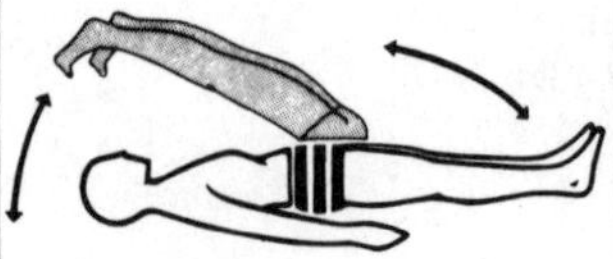

3 Beine grätschen – Arme über den Kopf strecken und dabei einatmen – danach den Oberkörper nach vorn fallen lassen – Arme durch die Beine schwingen lassen und dabei die Lungen völlig entleeren – hochkommen und tief einatmen – laut ausatmend wieder den Oberkörper nach vorn fallen lassen. 10mal.

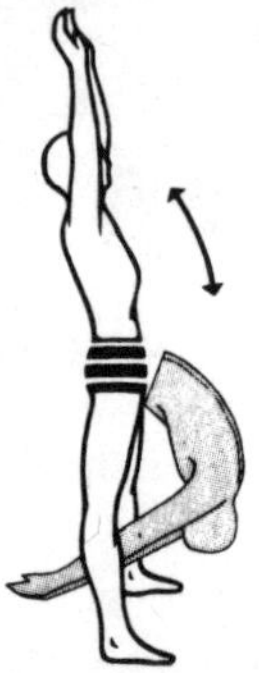

4 Legen Sie sich auf den Rücken – Beine heben bis zur Senkrechten und weiter über den Kopf hinwegführen, bis die Zehen den Boden berühren – mit gestreckten Beinen wieder in die Rückenlage zurück. 2–5mal.

5 Zum Abschluß 2 Minuten auf der Stelle laufen und dabei die Glieder wieder ordentlich ausschütteln.

Mittwoch:

1 Hüpfen Sie hoch und landen Sie mit gegrätschten Beinen – wieder hochhüpfen und in gewöhnlicher Standstellung landen – die Füße parallel zueinander. 2 Minuten lang.

2 Mit einem Buch (Ball o. ä.) in der rechten Hand beugen Sie sich stehend nach vorn und strecken das rechte Bein nach hinten aus, bis Körper und rechtes Bein eine Waagerechte bilden – das Buch 10mal hinter und vor dem Standbein von einer Hand in die andere wandern lassen – anschließend Beinwechsel. 10mal.

3 Gerade hinstellen – Beine grätschen – Arme angewinkelt bis in Schulterhöhe heben – die Fingerspitzen berühren sich unter dem Kinn – jetzt die Schulterblätter mit einem Schwung nach hinten zusammenzuführen versuchen – die Ellenbogen bleiben beim ersten Versuch spitzwinklig gebeugt – beim zweiten Versuch werden die Arme gestreckt. Insgesamt 20mal.

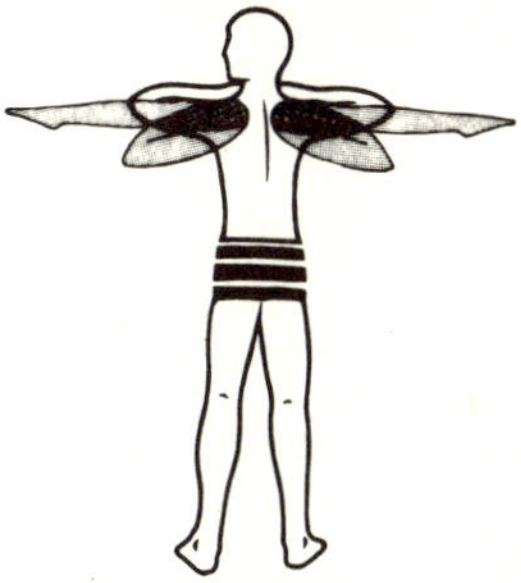

4 In den Liegestütz gehen – mit beiden Beinen gleichzeitig anhocken – dann wieder beide Beine nach hinten strecken – Beinwechsel stets mit viel Schwung vollziehen. 10mal.

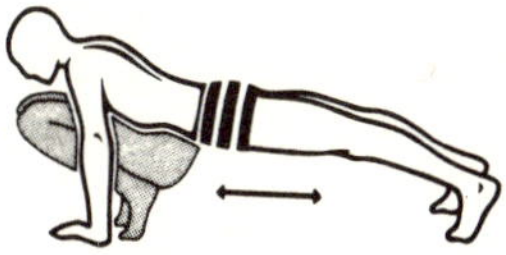

5 2 Minuten auf der Stelle laufen, die Knie dabei ordentlich hochbringen.

Donnerstag:	**1** Auf der Stelle laufen und dabei die Fersen – wenn möglich – ans Gesäß schlagen. 2 Minuten. **2** Geradestehen – Kinn auf Brustbein fallen lassen – aufrichten – Kopf in den Nacken, so weit wie möglich. Aufrichten. 2 mal. Rechtes Ohr in Richtung rechte Schulter senken, dann linkes Ohr in Richtung linke Schulter. Jeweils 2mal. Kopf nach rechts drehen, dann nach links. 2mal. **3** Hinknien – mit beiden Händen vorn aufstützen – Katzenbuckel machen und Kopf fallen lassen – Hohlkreuz machen und Kopf heben. Abwechselnd. 10mal. 	**4** Hinsetzen – Fersen nahe ans Gesäß bringen – Hände umfassen die Knie – jetzt nach hinten fallen lassen und wieder mit Schwung in die Sitzstellung zurückkehren. 10mal. 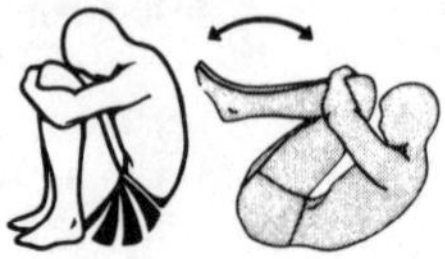 **5** Wie immer 2 Minuten auf der Stelle laufen und hüpfen.

Freitag:

1 Auf den Rücken legen – Beine heben, Knie anwinkeln – jetzt möglichst schnell »radfahren«. 2 Minuten lang.

2 Aufsitzen – die Beine lang ausstrecken – beide Arme eng am Körper aufstützen – zwischen die Füße ein Buch (Kissen o. ä.) klemmen – jetzt beide Füße so hoch wie möglich führen. 10mal.

3 Auf den Rücken legen – Beine leicht spreizen – Arme auf dem Boden ausbreiten – jetzt beide Beine gleichzeitig 10–15 Zentimeter anheben und gegeneinander kreisen lassen. Beine wieder auflegen und ausruhen. 10mal.

4 Aufstehen – Arme in Schulterhöhe ausstrecken – Knie beugen, bis Gesäß auf die Fersen kommt – wieder aufrichten. 10mal.

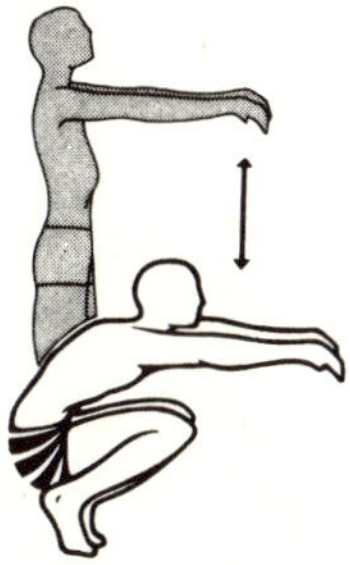

5 Erneut auf der Stelle laufen und Glieder ausschütteln. 2 Minuten lang.

Samstag:

1 Beidbeinig auf der Stelle hüpfen – einmal einige Zentimeter vor und wieder zurück – dann nach hinten und zurück – nach links und zurück und nach rechts und zurück. Vorsichtig: nur auf einer festen Unterlage und mit gleitsicheren Turnschuhen (besser barfuß)! 2 Minuten lang.

2 Hinstellen – Füße parallel zueinander – Arme hoch – laut ausatmend in sich zusammenfallen, die Arme dabei weit nach hinten schwingen, die Knie beugen und ordentlich nachfedern – wieder aufrichten – einatmen – die Arme über den Kopf – erneut ausatmend in sich zusammenfallen etc. 10mal.

3 Auf den Bauch legen – mit dem Kinn aufstützen – rechtes Bein hochheben und rechte Wange auf den Boden legen – linkes Bein hochheben und linke Wange auf den Boden. 5–10mal.

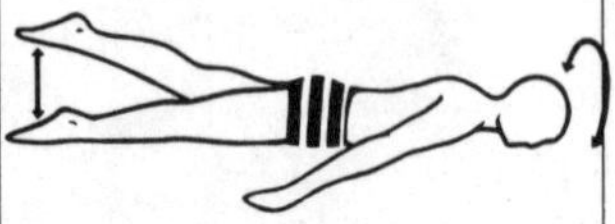

4 Aufrecht hinstellen – Arme seitwärts bis in Schulterhöhe heben – Beine leicht grätschen – langsam in die Hocke gehen – dabei aber die Wirbelsäule kerzengerade halten – langsam wieder aufrichten und auf eine stockgerade Wirbelsäule achten. 10mal.

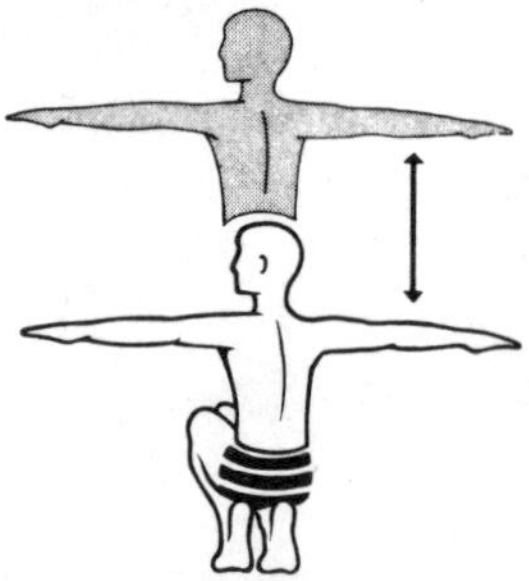

5 2 Minuten auf der Stelle laufen und die Glieder dabei ordentlich ausschütteln.

Hatha-Yoga – heilsame Bewegung im Zeitlupentempo

Eine der besten Entspannungsmethoden ist der Yoga. Er schöpft seine Wirkung aus anderen Quellen als der Sport oder die Gymnastik. Yoga ist ein logisch aufgebautes System zur Persönlichkeitsentfaltung, das den ganzen Menschen, Körper und Geist, erfaßt.

Der Hatha-Yoga, die Körperschulung, von der hier lediglich die Rede sein soll, führt zu einer körperlichen Entspannung, die sich auch auf die geistige Haltung auswirkt und auf die höheren Stufen des Yoga – Versenkung und Meditation – vorbereitet. Von der Gymnastik unterscheiden sich diese Körperübungen dadurch, daß sie nicht in schneller Bewegung und nicht mit Schwung durchgeführt werden – der Bewegungsablauf geht im Zeitlupentempo vor sich. Auf die Bewegungsphase folgt die statische Phase, das regungslose, etwa 15 Sekunden und länger anhaltende Verharren in der jeweiligen Körperstellung oder -haltung (Asana). Auch die Rückführung zur Ausgangsstellung wird wieder so langsam wie möglich vollzogen. Jede Übung wird nur bis zu dem Punkt durchgeführt, der ohne Schmerzen und Anstrengung erreicht werden kann. Deshalb ist Yoga auch oft für alte und leidende Menschen noch anwendbar. Die Asanas sind zu Übungsserien zusammengestellt, die hinsichtlich Auswahl und Reihenfolge der einzelnen Übungen in den diversen Yoga-Schulen variieren. Entscheiden Sie sich für eine von ihnen, beispielsweise für die im Aschram von Swami Sivânanda gelehrte Rishikesh-Reihe – Totenstellung, Schulterstand, Pflug, Fisch, Zange, Kobra, Heuschrecke, Bogen, Drehsitz, Kopfstand, Baucheinziehung, Atmung, Totenstellung –, bei der sich die einzelnen Stellungen wie bei allen anderen Reihen in ihrer Wirkung gegenseitig ergänzen. (Diese Reihe ist in dem Yoga-Buch von André van Lysebeth, »Yoga für Menschen von heute«, Mosaik Verlag, genau beschrieben.)

Nach jeder Übung muß der ganze Körper entspannt werden – die Wirkung des Yoga beruht zum großen Teil auf dem Wechsel von Anspannung und Entspannung. Man nimmt zu diesem Zweck die sogenannte Totenstellung ein:

In völliger Ruhe und Gelöstheit auf dem Rücken liegen – die Beine ganz leicht gespreizt – Fußspitzen nach außen gerichtet – Augen geschlossen – Arme liegen locker neben dem Körper – Handinnenflächen zeigen nach oben und leicht nach innen – Finger sind ein wenig gekrümmt.

Gelingt es einem am Anfang nicht, versucht man durch Hindenken zu den einzelnen Teilen des Körpers die Muskeln zu lösen (Fußspitzen, Fußgelenke, Waden, Knie etc. bis hinauf zur Stirn; anschließend Fingerspitzen, Arme, Schultern und wieder hinauf zur Stirn).

Wer die Totenstellung gut beherrscht, kann in Sekunden alle Muskeln lockern und einen Zustand völliger Entspannung erreichen – ein Vorgang, den man als Blitzentspannung bezeichnet. Man kann die Blitzentspannung auch im Sitzen oder in einer anderen bequemen Stellung durchführen, also auch im Büro oder unauffällig während einer Konferenz. Auf jeden Fall muß nach jeder Übung auf die eine oder andere Weise entspannt werden. Die Entspannung nach der Übung führt zu einem Gefühl körperlichen Wohlbehagens, das man lange auskosten kann.

Die Asanas bewirken zusammen mit der speziellen Yogaatmung eine bessere Durchblutung und somit auch eine bessere Ernährung und Funktionsfähigkeit des gesamten Körpers. Selbst bestimmte organische Schwächen und Krankheiten lassen sich mit ihrer Hilfe beseitigen, wenn sie nach Rücksprache mit dem Arzt gezielt eingesetzt werden. Außerdem rufen sie im Laufe der Zeit durch Dehnung der Muskeln eine Geschmeidigkeit hervor, die den Übenden wie einen Akrobaten erscheinen läßt.

Führen Sie die Übungen – in bequemer Kleidung, in gut durchlüftetem und angenehm temperiertem Raum – möglichst immer zu einer ganz bestimmten Zeit des Tages durch – etwa nach Ihrer Rückkehr von der Arbeit – und nie nach einer Mahlzeit. Konzentrieren Sie sich auf die Übungen und schalten Sie Ihre Alltagssorgen und -gedanken völlig ab. Bei Zeitmangel genügt es, zwei bis vier Übungen am Tag zu machen.

2. Vernünftige Ernährung

Wer gestreßt wird, neigt fatalerweise dazu, aus Frustrationsgefühlen begehrlich zu den Dingen zu greifen, die er besonders gern ißt – ähnlich wie der Raucher zur Zigarette. Aber das kann zum Bumerang werden: Nur zu häufig kehrt der Streß dann zurück – in Gestalt von Übergewicht, Arteriosklerose, Hochdruck, Gicht, Herzinfarkt und vielen anderen Krankheiten.

Die durch Streß aufgetretenen biologischen Veränderungen im Blut dürfen nicht durch falsche Ernährung noch verstärkt werden. Daher sollten wir, wenn wir Streß erwarten oder uns in schweren Konfliktsituationen befinden, unsere Eßgewohnheiten danach ausrichten.

Ernährungsratschläge für Streßgeplagte

Wer schlank ist und sich täglich ausreichend bewegt, braucht seine Eßgewohnheiten kaum zu ändern. Für alle anderen jedoch gelten die folgenden Hinweise.

1 Lassen Sie sich stets Zeit beim Essen. Konzentrieren Sie sich darauf, lesen Sie nicht dabei die Zeitung und sehen Sie auch nicht fern. Stressige »Großkampftage« können ihren Abschluß mit einem Abendessen bei Kerzenlicht finden – der Gourmet in Ihnen ist gefragt, nicht der Gourmand. Wer unter Streß steht, hat es verdient, daß jede Hauptmahlzeit festlich aufgeheitert wird.

2 Essen Sie fettarm, knapp (unterkalorisch) und abwechslungsreich, und nehmen Sie keine großen Mahlzeiten zu sich.

3 Essen Sie vitaminreich. Die Vitamine C und A sind in abwechslungsreicher Kost meist in ausreichendem Maße enthalten. Hingegen ist die Vitamin-B-Zufuhr gelegentlich schon problematischer. Die Vitamine der B-Gruppe werden häufig als Anti-Streß-Vitamine bezeichnet – ob zu Recht, bleibe dahingestellt. Jedenfalls kann es der Gesundheit sicherlich nur förderlich und dem Geldbeutel durchaus nicht abträglich sein, wenn man täglich zwei

Teelöffel Hefepulver, das reich an B-Vitaminen ist, in seinen Joghurt rührt. In den Joghurt – weil der nicht sonderlich gute Geschmack des Hefepulvers sich darin verliert.

4 Salzen Sie Ihr Essen nicht nach, sondern ziehen Sie salzfreie oder salzarme Gewürze vor. Bedienen Sie sich reichlich frischer Kräuter.

5 Beschränken Sie Ihren Verbrauch an Eiern auf wöchentlich etwa zwei, da schon ein einziges Eigelb so viel Cholesterin enthält, wie normalerweise pro Tag zulässig ist. Streß – um nochmals daran zu erinnern – läßt den Blutcholesterinspiegel ansteigen. Essen Sie daher viel Zwiebeln, die auch gekocht, gedünstet oder gebraten ihre wissenschaftlich nachgewiesene Wirksamkeit behalten. Die Volksmedizin ging davon aus, daß Zwiebeln (und Knoblauch) das Blut »dünnflüssig« machen. In der Tat verbessern beide die Fließfähigkeit des Blutes, die unter Streß verschlechtert wird. Daß es noch heute zahlreiche Herzkliniken gibt, in denen der uralte Hippokrates-Satz »Deine Nahrung sei dein Heilmittel, und dein Heilmittel sei deine Nahrung« nicht angewendet wird, zeigt, wie wenig ganzheitlich gedacht und gehandelt wird.

6 Wenn Sie gern Alkohol trinken, werden Sie Ihre Streßreaktionen auch gern durch Alkohol betäuben. Solange Sie sehr maßvoll trinken, ist dagegen nichts einzuwenden. Wer ein Freund des Kaffeetrinkens ist, sollte sich erinnern: starker Kaffee regt an und kann somit Streßsymptome wie die Nervosität deutlich verstärken. Daß sich bei Schwangeren die Wirkung von Drogen, Alkohol und Kaffee auch auf das Ungeborene überträgt und es außerordentlich stark streßt, dürfte allgemein bekannt sein.

7 Nehmen Sie täglich so viele Gramm Eiweiß und Fett zu sich, wie Ihr Gewicht in Kilogramm beträgt. Wenn Sie also 70 kg wiegen, verzehren Sie täglich mindestens 70 g Eiweiß und höchstens 70 g Fett – die versteckten Fette (in Käse, Kuchen, Nüssen etc.) eingeschlossen.

8 Welche Fette (Fettsäuren) sollen wir unter Streß oder bei

Herzinfarktgefährdung bevorzugen? Die Antworten darauf waren in den letzten 40 Jahren sehr unterschiedlich, weil auch die Wissenschaft, bedingt durch neueste Forschungsergebnisse, immer wieder ihre Meinung ändern mußte. Das letzte Wort dazu ist mit Sicherheit auch heute noch nicht gesprochen.

Im Augenblick empfehlen die meisten Wissenschaftler folgende Aufteilung: ein Drittel der Fettsäuren sollte gesättigt sein, ein Drittel einfach ungesättigt und das letzte Drittel mehrfach ungesättigt.

Vom Blickpunkt des Streßgeschehens gehört die Stearinsäure, die im Fett des Fleisches enthalten ist, zu den wertvollsten gesättigten Fettsäuren. Man wußte schon seit einiger Zeit, daß bei gleicher Fettmenge Fleisch den Cholesterinspiegel nicht so stark anhebt wie vergleichbare Mengen von Butter.

Zu den einfach ungesättigten Fettsäuren gehört das Olivenöl, das offenbar von allen Fetten und Ölen am wenigsten cholesterinsteigernd wirkt.

Das letzte Drittel bilden die mehrfach ungesättigten Fettsäuren: Soja-, Maiskeim-, Sonnenblumen-, Färberdistel-, Erdnußöl sowie verschiedene Margarinesorten u. a. Hierher gehören aber auch die sogenannten Omega-3-Fettsäuren, die vor allem in Fischen aus kalten Gewässern vorkommen, sowie der Lebertran, der jedoch nur dann von großem Wert ist, wenn nicht zu viele Schadstoffe in ihm enthalten sind und wenn man sich vor Überdosierung hütet.

Gelegentlich wurde die Schokolade verteufelt. Aber wer gerne Schokolade ißt, darf dies nach den neuesten Erkenntnissen (des Center of Human Nutrition, University of Texas, SW Med. C. Dallas) ruhig tun, wenn er dadurch die Gesamttagesmenge an Fett nach Möglichkeit nicht überschreitet. Was den Cholesterinspiegel ansteigen läßt, ist weniger die Schokolade an sich, also die Kakaobutter, als vielmehr der Zusatz von Sahne, Nüssen u. a.

9 Den Cholesterinspiegel kann man etwas senken, wenn man jeden Tag Pektine zu sich nimmt entsprechend dem englischen Motto: An apple a day keeps the doctor away (ein Apfel am Tag hält den Doktor fern). Pektine sind aber auch in Zitrusfrüchten, in Karotten u. a. enthalten. Einige andere Ballaststoffe wirken ähnlich.

10 Wiegen Sie sich abends, damit Sie sofort etwas unternehmen können, wenn Sie Ihr gewünschtes Gewicht überschreiten.

11 Eine für die meisten Menschen besonders geschätzte Mahlzeit kann für einige Kinder zu einem allmorgendlichen Streß werden: das Frühstück. So wichtig es für die Abendmuffel ist, so stressig wird die Aufforderung zu einem frühen Frühstück für den Typ des echten Morgenmuffels. Zahlreiche Menschen können erst gegen zehn Uhr morgens Nahrung mit einigem Genuß zu sich nehmen; sie zu zwingen, schon um sieben Uhr in der Frühe zu essen, bedeutet Ärger am frühen Morgen. Sorge und Angst versperrt manchen Eltern die Einsicht. Medizinisch gibt es keinen triftigen Grund, warum alle Menschenkinder zu einer bestimmten Zeit eine bestimmte Menge essen sollten.

Streß und Magnesium

Schenken Sie Ihre Aufmerksamkeit dem Magnesium, das eine wichtige Rolle im Streßgeschehen spielt. Es ist in mehr als 300 Enzymreaktionen die entscheidende Substanz, darunter in zahlreichen, die unmittelbar mit dem Streßgeschehen zusammenhängen. Seine Wirkungen erstrecken sich auf die Kapillardurchlässigkeit der Zellwände, auf den Stoffwechsel von Eiweiß und Kohlenhydraten, den Cholesterinspiegel, die Muskelentspannung; es wirkt krampflösend, beruhigend, blutdrucksenkend etc. 85 Prozent der Herzinfarkt-Patienten haben einen Mangel an Magnesium, so daß ein bekannter Ernährungsforscher einmal sagte: Wer ausreichend Magnesium mit seiner Nahrung zu sich nimmt, kann kaum einen Herzinfarkt bekommen.

In folgenden Lebensmitteln ist reichlich Magnesium enthalten: Vollkorngetreide, Sojamehl, Nüsse, getrocknete Hülsenfrüchte, Muscheln, Krabben, Grünkohl und Schokolade.

Obst enthält noch weniger Magnesium als Gemüse. Das Kochwasser sollte daher stets für Suppen mitverwendet werden.

Unter Streß wird Magnesium vermehrt ausgeschieden, vor allem mit dem Schweiß. Da überdies die landwirtschaftlichen Produkte aufgrund von Magnesiumarmut der Böden oftmals nicht genügend Magnesium enthalten, können in der Tat hier und dort schleichende Magnesium-Mangelsymptome auftreten. Deswegen dürfte es für Streßgefährdete von Vorteil sein, wenn sie darauf achten, daß in ihrem Mineralwasser ausreichend Magnesium enthalten ist (mindestens 100 mg in einem Liter, wie dies zum Beispiel in verschiedenen Mineralwasser-Sorten aus der Eifel der Fall ist). Beim Schwitzen verliert man neben dem Magnesium noch andere Mineralstoffe; daher ist es eine Selbstverständlichkeit für Sportler und Schwerarbeiter, diesen Verlust durch mineralstoffreiches Wasser wieder auszugleichen. Aber ansonsten gilt natürlich das gleiche wie für die Vitaminzufuhr; wer sich »vollwertig« und abwechslungsreich ernährt, benötigt ebensowenig zusätzliche Vitamine wie Mineralien.

Vollwertnahrung zur Streßprophylaxe

Als die hippokratische Schule im alten Griechenland einige hundert Jahre vor unserer Zeitrechnung empfahl, unsere Nahrung solle unser Heilmittel sein, dachte sie an andere Probleme als an eine mögliche Vitamin- und Mineralstoff-Unterversorgung. Zu knappe, einseitige und – für einzelne Familien – überreichliche Kost sind aber auch heute noch für manche unter uns ein krankheitsfördernder Distreß.

Vollwertnahrung enthält noch möglichst viele gesunde Bestandteile der Ausgangsnahrungsmittel, ist also weitgehend »naturbelassen«. Lagerung und Zubereitung der Nahrung können zu erheblichen Verlusten an Vitaminen, Mineralien und Enzymen in den Lebensmitteln führen, so daß aus ihnen »tote« Nahrungsmittel werden. Landwirtschaftliche Produkte von ausgeplünderten oder falsch gedüngten Böden sind sicher nicht »vollwertig«. Strenggenommen ist der Begriff Vollwertnahrung eine Wunschvorstellung. Für viele

Menschen war der letzte Tag, an dem sie ganz und gar vollwertige Nahrung erhielten, der letzte Stilltag.

Daß wir trotzdem so alt werden wie nie zuvor in der Geschichte der Menschheit, zeigt nur, wie großzügig die Natur uns versorgt und wie gut der Stoffwechsel des Menschen im allgemeinen die »defizitäre« Kost auszugleichen vermag. Vollwertkost oder Vollwerternährung ist also niemals absolut vollwertig. Dennoch ist sie, sofern sie vertragen wird, als ein Mittel der Streßprophylaxe zu empfehlen. Sie ist reich an nicht raffinierten Erzeugnissen wie Vollgetreide, ungeschältem Reis, faserreichem gedünstetem Gemüse, frischem Obst, Samenfrüchten und frischen Salaten, dagegen arm an Feinmehlgebäck, Eiscreme und anderen Süßigkeiten. Sie bevorzugt hochwertiges Eiweiß aus Milch und fettarmen Milchprodukten, Soja, Kartoffeln, Hülsenfrüchten, magerem Fleisch und Fisch und begrenzt Koch- und Aufstrichfette, fette Saucen etc. Auf reichliche Zufuhr von Flüssigkeiten wie Kräuter- und Früchtetees, Mineralwasser, Molke und – falls trinkbar – reinem Wasser wird geachtet. Für die Vollwertkost gilt natürlich auch das Motto: knapp und abwechslungsreich essen sowie zu jeder Mahlzeit etwas Rohkost servieren.

Am besten ist es vielleicht, sich einen Plan aufzustellen, nach dem man vorgehen will. Ersetzen Sie beispielsweise Weißbrot durch vollwertige Produkte, die Ihnen besonders gut schmecken (bestimmte Arten von Vollkorn-, Mehrkorn-, Käsebrot etc.). Unter Umständen läßt sich Ihr Öl durch kaltgepreßtes Olivenöl veredeln, das aber niemals zum Braten oder Backen verwendet werden darf: Aus den ungesättigten Fettsäuren entstehen bei großer Hitzeeinwirkung auch giftige Substanzen. Für hohe Temperaturen ist zum Beispiel gehärtetes Pflanzenfett geeignet. – Kartoffeln schmecken als Pellkartoffeln viel besser als die faden Salzkartoffeln. Nudeln lassen sich durch Vollkornteigwaren ersetzen. Haben Sie schon einmal bewußt den Unterschied zwischen Reis und dem ursprünglichen Vollreis gekostet?

Das Kantinenessen ist in der Regel weit entfernt von dem, was wir unter Vollwertkost verstehen. Durch frische Kräuter kann man es aufwerten. Viel gesünder und kalorienärmer können Sie essen, indem Sie beispielsweise einen Bioghurt mit jeweils einem Eßlöffel Sojamehl (oder Sojaeiweiß, das kalorienreduziert ist), Hefepulver, Honig und Magermilchpulver zu sich nehmen. Ernährungswissenschaftler halten zwar nicht viel vom Bienenhonig unter dem Aspekt der Vollwertkost. Die Volksmedizin ist da ganz anderer Meinung. In diesem besonderen Falle lassen Sie sich von Ihren Geschmacksknospen leiten: Auch die Freude am Essen, am Geschmack, trägt zur Vollwertigkeit bei – wenigstens für sehr viele von uns.

Der Jahreszeit angepaßte kalorienarme Salate vor dem Essen stillen den Appetit und füllen unter Umständen kaum nachweisbare Vitamin- und Mineralstoffdefizite auf. In jedem Falle sind sie gesünder als alkoholische Aperitifs. Wie schon angedeutet gibt es zahlreiche Möglichkeiten, sein Essen aufzuwerten. Lassen Sie gelegentlich auch einmal Getreide oder Samen der verschiedensten Art keimen, dadurch kommt es zu einer wundersamen Vermehrung einiger Vitalstoffe. Mahlen Sie aus biologischem Anbau stammendes Getreide selber und backen Sie daraus Ihr eigenes Brot oder bereiten Sie daraus Ihr Frischkornmüsli zu. Jedem seine ureigenste Vollwertkost. Vergessen Sie dabei bitte nicht: Die Geschmäcker sind unterschiedlich, die Därme aber auch …

Schmackhafte Vollwerternährung ist eine Frage der Erfindungsgabe, der kenntnisreichen Zubereitung, des Einkaufens und der Lagerung, nicht zuletzt aber auch der Hingabe und Begeisterung.

Ihre Motivation für eine gesunde Lebensführung können Sie durch psychohygienische Vorsätze stärken wie: »Ich lebe stets gesund; ich esse stets gesund; ich denke stets gesund; ich bleibe stets gesund.« Solche Vorsätze verleibt man sich mit gefühlvoller innerer Beteiligung mehrfach am Tage ein, bis sie schließlich in Fleisch und Blut übergegangen sind.

Krebs und Ernährung

Nahrung ist stets ein Fremdstoff und in diesem Sinne ein kleiner Stressor, auch noch »so gesunde« Nahrung. Daher gibt es keine absolut gesunde Kost. Sie muß abgebaut und dann wieder zu körpereigenen Baustoffen (Eiweiß, Fett, Kohlehydraten) aufgebaut werden. Jede Diätform muß auf das Individuum und seine Eigenheiten abgestellt sein, so daß diätetische Pauschalempfehlungen, auch wie sie hier gegeben werden, im Grunde ein Notbehelf sind.

Die »richtige« Diät oder »richtige« Kostform gibt es somit nicht. Manche Krebsforscher sind der Ansicht, daß in etwa zwei Dritteln aller Fälle eine nicht ausgeglichene Ernährung zum Entstehen der Krebserkrankung entscheidend beiträgt. Aber ob diese Annahme stimmt, ist natürlich kaum zu beweisen, weil einfach zu viele Faktoren am Krebsgeschehen beteiligt sind.

Von den Mormonen und Adventisten ist durch verschiedene Untersuchungen bekannt, daß ihr Krebsrisiko sehr gering ist. Sie trinken keinen Alkohol, keinen Tee und Kaffee, sie rauchen nicht und nehmen keine Drogen. Sie essen sehr gesund – das wird als wissenschaftliche Begründung angegeben. Aber ist es nicht auch so, daß ihr psychosozialer Streßpegel vermutlich viel niedriger liegt als der der Durchschnittsbevölkerung? Mit Sicherheit beten sie besonders viel und wahrscheinlich auch konzentriert. Und Beten ist einer der besten Wege für eine Gesundheitsvorsorge: Der Lebensenergiestrom wird ausgeglichen und das Abwehrsystem angeregt, was man durch kinesiologische Untersuchungen sehr schön nachweisen und reproduzieren kann.

Ungeachtet dieser Bedenken kann kein Zweifel darüber bestehen, daß eine durch externe oder interne Bedingungen unausgeglichene Nahrung zusammen mit anderen Faktoren Krankheiten und unter Umständen auch Krebs provozieren kann. Das Unheilbringende an der Diagnose Krebs ist meist weniger die Erkrankung an sich als ein erstarrtes Denk- und Handlungsschema, innerhalb dessen sich der Kranke wie ein haitianischer Zombie bewegt. Er stirbt lieber, als daß er sich ändert, oder besser: Er ist total blockiert und benötigt dringendst psychotherapeutische oder andere Hilfestellung, damit der widerspenstige Knoten des »Denn das Gute, das ich will, das tue ich nicht; sondern das Böse, das ich nicht will, das tue ich« langsam aufgelöst wird.

Hier einige Beispiele dafür, daß eine unausgeglichene Ernährung manchmal auch zu Krebs führen kann. Speiseröhrenkrebs tritt dort häufiger auf, wo viel selbst hergestellter Apfelschnaps getrunken wird wie zum Beispiel in der Bretagne; seine Häufigkeit vervielfacht sich, wenn gleichzeitig stark geraucht wird.

In einigen Gegenden der Welt ist Magenkrebs heute noch so häufig anzutreffen wie früher bei uns. Ursache ist vor allem die Vorliebe für Geräuchertes und Gesalzenes (Fisch, Wurst, Fleisch). Dabei spielt die Nitrosaminbildung aus Nitriten und Aminen im sauren Milieu des Magens eine Hauptrolle. Die Umwandlung von Nitraten über Nitrite in das krebserregende Nitrosamin und Nitrosamid wird durch Vitamin-C-reiche Kost vermindert.

Wenn sowohl Selen (enthalten in Fleisch, Meerestieren, Vollkorn) wie Vitamin E (enthalten vor allem in Ölen und geringfügig in nahezu allen Nahrungsmitteln) im Körper vermindert sind, steigt die Krebsmortalität deutlich an. Ein Vitamin-E-Mangel allerdings ist bei abwechslungsreicher Kost extrem selten. Andererseits ist die Selenzufuhr überall dort herabgesetzt, wo auch der Boden an Selen verarmt ist, wie es in weiten Teilen der Bundesrepublik der Fall sein soll.

Vom Vitamin A ist seit langem bekannt, daß es das Schleimhautepithel schützt, so daß z. B. auch Raucher gut daran tun, täglich zusätzlich eine Karotte zu essen, weil ihr Vitamin-A-Spiegel in der Regel um etwa 25 Prozent niedriger liegt als in Kontrollgruppen von Nichtrauchern. Raucher verbrauchen auch mehr Vitamin C als Nichtraucher. Bevölkerungsgruppen mit einem deutlichen Mangel an Vitamin C sollen britischen Untersuchungsergebnissen zufolge ein höheres Risiko haben, an Krebs zu erkranken, als Menschen mit hoher Vitamin-C-Zufuhr. Da eine ausreichende Zufuhr der Vitamine A und C das Abwehrsystem des Körpers stabilisiert, wird man schon aus Eigenverantwortung für seine Gesundheit bemüht sein, durch abwechslungsreiche Rohkostbeigaben sein Immunsystem und damit die Krebsabwehr zu stärken.

Ein starker Fettkonsum korreliert mit dem Auftreten von Mastdarmkrebs, vor allem wenn auch noch der Anteil an Ballaststoffen in der Nahrung herabgesetzt ist.

Tierversuche zeigten, daß einseitige Ernährung eine höhere Krebsrate zur Folge hat, während eine ausgeglichene »Unterernährung« mit genügend Vitaminen und Mineralien die Krebsrate deutlich senkt und die Langlebigkeit erhöht.

Eine Basistherapie für viele Erkrankungen, darunter auch Krebs, könnte vom Blickpunkt der Ernährung so aussehen:

- Knapp essen und abwechslungsreich,
- stets frische Kost bevorzugen,
- nicht zuviel Fett und Fleisch, zweimal pro Woche Fisch,
- täglich Rohkost und Vollkornprodukte,
- täglich zweimal etwas Magermilch und -käse,
- wenig Alkohol, keinen schwarzen Kaffee auf leeren Magen,
- mit Genuß, Freude und Dankbarkeit essen und sich dabei bildhaft vorstellen, wie »Ihre gesunde Kost« Sie stärkt und die Krankheit zum Verschwinden bringt.
- Daß zu jeder Behandlung auch Bewegung an frischer Luft und ein geistiges Umdenken gehört, wurde schon betont. Auf jeden Fall wird Ihr behandelnder Arzt genauere Hinweise geben können. Vergessen Sie bitte nicht: Nur Ärzte sind dafür ausgebildet, Krebskranke zu behandeln, alle anderen Heilberufe können in besonderen Fällen auf ärztliche Empfehlung hin tätig werden.

Kampf gegen den Streß des Übergewichts

Etwa die Hälfte der über 45jährigen weist heute ein deutliches Übergewicht auf. 1947 waren es nur zwei Prozent, 1951 bereits elf. Übergewicht ist ein Streß, der das Leben unter Umständen verkürzen kann. Obwohl die Frühsterblichkeit bei Schwergewichtigen mit 30 Prozent Übergewicht bereits um mehr als 60 Prozent höher ist als bei Normalgewichtigen, sind noch viel zu wenige geneigt, energisch etwas gegen ihr Zuviel an Pfunden zu tun. Übergewicht aber macht nicht nur krank, es verdirbt auch Ihre Chancen. Es läßt den Fettleibigen aussehen, als gäbe er seinen Eßgelüsten hemmungslos nach. Daß dies aber nicht immer der Fall ist, glauben viele Menschen nicht.

Nahezu alle Nahrungsmittel können »dick« machen, wenn man zuviel davon ißt oder trinkt. Dicke Menschen essen im allgemeinen nicht »heimlich oder unheimlich viel«, wie man es früher in Fachbüchern lesen konnte. Denn wer täglich nur einen halben Liter Bier oder einen drittel Liter Milch mehr trinkt, als der Körper braucht, nimmt pro Tag bereits 21,5 g zu. Das summiert sich im Verlaufe eines Jahres zu 8 kg. Allerdings ist dies eine oberflächliche Rechnung.

Wer als Kleinkind dicklich ist, wird u. U. sein ganzes Leben lang Sorgen mit seinem Gewicht haben. Daher ist die Fettsucht eines Kleinkindes ein Mangel an psychohygienischer Einstellung des Umfeldes.

Eltern sollten den Kindern schon in jungen Jahren ein Gewichtsbewußtsein beibringen, denn übergewichtig wird man nur ganz allmählich. Tägliche Gewichtsschwankungen in bescheidenem Maße (u. U. bis zu 2 kg) sind normal: Sie können durch Wasserverlust oder durch zu stark gesalzene Speisen verursacht sein.

Gewöhnen Sie sich daran, sich selbst und Ihre Kinder nie mit Eßwaren für irgendwelche Leistungen zu belohnen; sonst stopft man vielleicht später in jeder Streßsituation Essen in sich hinein. Ein gutes Essen sollte nicht zur Streßabreaktion mißbraucht werden.

Je länger Sie übergewichtig sind und je größer Ihr Gewicht ist, desto häufiger und schwerwiegender werden Komplikationen wie Diabetes, Arteriosklerose, Herzinfarkt, Schlaganfall, Bluthochdruck, Gicht, Herzversagen, Haltungsbeschwerden, Gelenkveränderungen, psychische Störungen usw.

Übergewicht ist also kein Problem des Aussehens, sondern ein Gesundheitsproblem – und natürlich Charaktersache. Und starkes Übergewicht ist *immer* ein Risikofaktor.

Wenn Sie übergewichtig sind, haben Sie für *Ihre* Verhältnisse zuviel gegessen. Und wahrscheinlich haben Sie auch nicht genügend Kalorien durch Bewegung ausgegeben. Finden sie heraus, wo *Ihr* Fehler liegt. Nehmen Sie zuviel Alkohol, Fett, Brot, zu viele Kartoffeln oder Süßigkeiten zu sich? Essen Sie am späten Abend zu reichlich? Oder essen Sie dreimal am Tage eine relativ große Mahlzeit? Jeder macht seine kleinen Fehler, die jedoch schwerwiegende Folgen haben können.

Wenn Sie wirklich abnehmen wollen, besprechen Sie sich mit Ihrem Partner oder mit der ganzen Familie. Alle sollten Sie bei Ihrem Plan unterstützen und Sie nicht mit Kalorien verführen oder ostentativ reizen. Übereilen Sie nichts, nehmen Sie nur ein Pfund pro Woche ab. Gewaltkuren sind oftmals Streß und damit gefährlich. Langsames Abnehmen läßt sich über Monate durchführen, man kann sich an das knappe Essen gewöhnen und es dann auch über Jahre hinweg beibehalten. Wer schnell abnehmen möchte, sollte dies mit seinem Arzt besprechen, der auch für Fastenkuren zuständig ist.

Fasten, Saftkuren, Buttermilchkuren, Schrothkuren, Weizengel-Kuren, Fisch-Diät, Nerven-Schonkost, Punkt-Diät, Mayo-Diät, Brigitte-Diät, Haysche Trennkost, fit-ess-Schlankheits-Diät, Schlank-im-Büro-Diät, 1000-, 1500-Ideal-Diät und wie die Abmagerungskuren auch sonst noch alle heißen mögen – wenn Ihnen Ihre eigene Kost gut schmeckt, bleiben Sie dabei und reduzieren Sie sie einfach, vor allem Fett, Alkohol und Süßigkeiten. Vermeiden Sie einseitige Abmagerungskuren. Nehmen Sie keine Medikamente, um abzunehmen oder um das Hungergefühl zu betäuben oder sich selbst zu beruhigen.

Viele »gewichtige« Menschen essen nur dreimal am Tage. Das aber führt eher zu einem erhöhten Blutcholesterinspiegel und zu Übergewicht, als wenn man die *gleiche* Kalorienmenge auf fünf Mahlzeiten verteilt. Die letzte Mahlzeit nicht zu spät abends essen.

Setzen Sie sich mit Ihrer Familie Zwischenziele. Für jedes verlorene Pfund oder Kilogramm Gewicht erhalten Sie oder Ihr Partner beispielsweise ein Buch. Kleine Aufmerksamkeiten erhöhen den Spaß an der Askese.

Wenn Sie ein »Hungergefühl« verspüren, prüfen Sie erst, ob es nicht einfach auf Ihre Gewohnheit zurückzuführen ist, zu dieser Tageszeit dieses oder jenes zu essen. Hungergefühle kann man oft überspielen durch eine positive Einstellung, durch das Autogene Training oder durch Ironisieren. Wer auch zu den Zwischenmahlzeiten etwas Eiweiß (z. B. Joghurt, nötigenfalls angereichert mit einem Eßlöffel Magermilchpulver oder Sojamehl) ißt, sollte im allgemeinen von Hungergefühlen verschont bleiben.

Am Einfluß des Übergewichts auf die Sterblichkeit bei 45- bis 50jährigen erkennt man, wie gefährlich es ist, dick zu sein (siehe Tabelle).

Sein Wunschgewicht zu erreichen und dann auch zu halten, ist für die meisten Menschen außerordentlich schwer. Man muß in der Regel weniger essen und sich zusätzlich auch noch mehr bewegen. Aber die Mühe lohnt sich. Wer schier unüberwindbare Schwierigkeiten oder Widerstände bewältigen muß, sollte sich einer der vielen Selbsthilfegruppen der Weight-Watchers anschließen, in deren Gemeinschaft es meist erheblich leichter ist abzunehmen, als wenn man als Einzelkämpfer ganz auf sich allein gestellt bleibt.

Übergewicht in kg	Zunahme der Sterblichkeit über den Durchschnitt der Altersklasse in %
4,5	8
9,0	18
13,6	28
18,6	45
22,6	56
27,2	67
31,8	81
36,2	116

Nach Heinrich Kasper, in: »Krankenernährung«, 1973

Kalorienverbrauch durch Bewegung

Warum gehen Sie nicht zu Fuß zur Arbeit oder wenigstens eine Teilstrecke? Dadurch geben Sie mehr Kalorien aus. Zusätzlich gelangen Sie entstreßt zur Arbeit und zurück zur Familie.

Durch mehr Bewegung erzielen Sie zwar nur einen geringen Gewichtsverlust – man muß rund 100 Kilometer gehen oder 16 Stunden tanzen, um ein Kilogramm Fettgewebe zu verlieren –, doch sollten Sie sich trotzdem bewegen, wo Sie nur können. Im Sitzen verbrauchen Sie mehr Kalorien als im Liegen, im Stehen mehr als im Sitzen. Wenn Sie täglich nur 30 Minuten spazierengehen, verbrauchen Sie zwar bloß 150 Kalorien, doch ergibt das in einem Jahr rechnerisch 7 kg Gewichtsverlust. Natürlich sollten sie nach einem Spaziergang unter keinen Umständen mehr essen als sonst. Damit Sie einen Überblick darüber haben, wieviel Kalorien man durch Bewegung verlieren kann, sei der Kalorienverbrauch für jeweils 30 Minuten körperliche Betätigung in der Tabelle angeführt.

	Kalorien/ 30 Minuten		Kalorien/ 30 Minuten
Schnelles Laufen, Bergsteigen	450	Langsames Rudern, Schwimmen, Schlittschuhlaufen	200
Treppen herauf- und heruntergehen, schnelles Schwimmen	400	Federball, Faustball	190
Handball, Fußball	325	Tennisdoppel, Tanzen	175
Dauerlauf, schnelles Radfahren und Schlittschuhlaufen, schwere Gartenarbeit und sportliches Tanzen	300	Langsames Radfahren, Tischtennis	160
Sportliche Gymnastik, Sägen, Schaufeln	250	Autowaschen	140
Skifahren, Tennis (turniermäßig)	225	Reiten, Golf, Kegeln	130
Zügiges Wandern	210	Leichte Gartenarbeit	125
		Spazierengehen	100
		Kochen, Baden, Bügeln	50
		Schreibmaschine schreiben, Autofahren	28
		Im Sitzen telefonieren, fernsehen, lesen, Karten spielen	25

Der Kalorienbedarf eines 30jährigen 70 kg schweren Erwachsenen beträgt bei leichter Bewegung etwa 2500. Mit zunehmendem Alter kann er um ein Viertel bis zu einem Drittel sinken.

Wenn Sie abnehmen und körperlich nicht tätig sind, kann es passieren, daß Sie außer Kohlenhydraten (Glykogen) und Fett auch Muskelsubstanz (Eiweiß) verlieren. Wer dagegen

Sport treibt oder sich sonst viel bewegt, wird eher sein Muskelprofil behalten.

Kalorien kann man auch durch Sexualverkehr ausgeben, jeweils zwischen 30 und 200. Er ist als Streßabreaktion nicht unwichtig – sofern es sich dabei nicht um einen Seitensprung handelt, denn dann wird Liebe durch Schuldgefühle zum Streß.

Durch Sauna und Massage gibt man dagegen keine Kalorien aus, es sei denn, man massiert selbst.

Getränke als Kalorienfallen

Mißtrauen Sie den Getränken, meist enthalten sie mehr Kalorien, als Sie ahnen. Nur Tee, Gesundheitstee, Kaffee und Mineralwasser dürfen ohne Berechnung genossen werden. Milch ist kalorienreich; Mager- und Buttermilch sind wegen ihres geringeren Kaloriengehalts vorzuziehen. Damit Sie sehen, wieviel Kalorien einige der üblichen Getränke enthalten, sei ihre Zahl hier angeführt: In jeweils 100 g sind enthalten

	Kalorien		Kalorien
Apfel-, Orangen-, Ananassaft	ca 50	Sekt, süß	110
Pampelmusen-, Zitronensaft	36	Schankbier	45
Traubensaft	67	Weißbier	35
Magermilch, Buttermilch	36	Exportbier, Nährbier	56
Kuhmilch (3% Fett)	61	Bockbier	66
Kaffeerahm (10% Fett)	124	Wermutwein, Madeira	116
Schlagrahm (30% Fett)	302	Portwein	141
Coca-Cola	45	Malaga	163
Limonaden im Schnitt	48	Weinbrand	220
Apfelwein	43	Kognak, Kirschwasser, Whisky	340
Deutsche Weißweine im Schnitt	60	Sherry Brandy	258
Deutsche Rotweine im Schnitt	65	Kümmel	302
		Absinth, herb	337
Sekt, trocken	80	Curacao	414

Neuerdings gibt es im Angebot kleiner und großer Läden zahlreiche kalorienreduzierte Getränke, so daß sicherlich für jeden Geschmack etwas zu finden sein dürfte. Die angegebene Tagesmenge der Multivitamin-Säfte sollte man nicht für längere Zeit überschreiten, da die fettlöslichen Vitamine sonst unter Umständen die Leber stressen.

Kalorienarme Nahrungsmittel

Wenn Sie sich einmal wieder »so richtig satt essen« wollen, tun Sie es mit folgenden Salaten: Kopfsalat, Feldsalat, Chicorée, Endivien, Radieschen, Brunnenkresse. Als Salat wie als Gemüse sind für diesen Zweck verwendbar: Gurken, Sauerampfer und Tomaten. An Gemüsesorten sind zu empfehlen: Busch- und Stangenbohnen, Sauerkraut, Rotkohl, Weißkohl, Blumenkohl, rote Rüben, Kohlrüben, Karotten, Kohlrabi, Paprika, Mangold, Spargel, Champignons, Pfifferlinge, Lauch. Kalorienarme Getränke sind Zitronen- und Grapefruit-Saft und (100 Kalorien in 300 g) Butter- oder Magermilch.

Schon beim Obst muß man vorsichtig sein. 100 Kalorien sind enthalten in 200 g Ananas, Aprikosen, Apfelsinen, Äpfeln, Birnen, Brombeeren, Erdbeeren, Pampelmusen, Pfirsichen, Preiselbeeren, Stachelbeeren, Himbeeren, Heidelbeeren, Johannisbeeren und sauren Kirschen.

Im übrigen sind 100 Kalorien enthalten in 100 g Huhn, Krebs, Austern, Dorsch, Garnelen, Seezunge, Heilbutt, Schellfisch, Scholle, Hecht, Magerquark, grünen Erbsen, Kartoffeln, Bananen und Weintrauben.

Wer streßgeplagt ist und gleichzeitig abnehmen möchte, kann das immer noch am einfachsten und gesündesten, wenn er insgesamt weniger ißt (F. d. H.). Nochmals: Radikalkuren sollte man nur unter ärztlicher Anleitung durchführen.

3. Psychohygiene als Stressabbau

Nicht nur die »leibliche« Beeinflussung der Körperfunktionen wirkt sich positiv bei der Streßbekämpfung aus. Auch psychohygienische Maßnahmen tragen wesentlich dazu bei. Sie entspannen den verkrampften Körper. Sie können wesentlich bei der Bekämpfung der psychosomatischen Störungen helfen.

Nervosität, vegetative Dystonie, Hypertonie, Asthma, Magengeschwüre, Sexual- und Schlafstörungen, Heuschnupfen, Migräne, aber auch Angstzustände, Zwangsverhalten und Süchtigkeit sind in der Regel streßbedingt und können oftmals mit psychohygienischen Maßnahmen vollständig abgebaut oder wenigstens stark gemindert werden.
Die folgenden Ratschläge und Methoden wurden in meiner Praxis vielfach mit Erfolg erprobt. Sie sind so einfach, daß jeder sie ohne weiteres selbst anwenden kann.

Lachen, Weinen, Fluchen, Schreien zur Abreaktion

»Lachen ist die beste Medizin«, heißt es. Wer viel lacht, ist meist umgänglich und versöhnlich; er bejaht das Leben, wie es ist. Lachen wirkt entspannend, vor allem im Magen-Darm-Bereich, wo es aufgrund der damit verbundenen Zwerchfellbewegung verdauungsfördernd wirken kann. Lachen ist aber auch Entladung von angestauter Aggressivität, der psychischen Komponente nicht ausgelebten Stresses. Daher sind Witz und Humor so bedeutsam für die ganzheitliche (körperliche, psychische und soziale) Gesundheit. Das Immunsystem wird gestärkt, Lebensenergien werden wachgerufen und Endorphine (morphiumähnliche Substanzen) im Körper gebildet, so daß sich das Wohlbefinden steigert und Schmerzen gelindert werden. Lachen ist in der Tat ein Streß- und Lebensbewältigungsmechanismus, der einem das Leben erheblich erleichtern könnte. Lachen Sie sich gesund und betrachten Sie das Leben als eine Komödie, in der auch wir unsere Rolle zu spielen haben.

Auch wenn das Lachen an sich keine Probleme lösen kann – es überträgt sich auf den gesamten Organismus.

Also lachen Sie ruhig laut (auch über sich selbst oder über die Situation), wenn Sie gerade aus der Haut fahren wollen. Oder lächeln Sie denjenigen an, der Sie ärgert oder zu ärgern versucht. Das kann verblüffende Reaktionen zur Folge haben. Oder sehen Sie sich nach einem streßreichen Tag einmal ein Lustspiel an, und lachen Sie ruhig über Gebühr laut – die Künstler werden Ihnen sicher dankbar sein.

Aber auch das Weinen ist für unser seelisches Gleichgewicht manchmal außerordentlich wichtig. Wer sich noch ausweinen kann, entledigt sich unseliger Spannungen und baut auf diese Weise Streßreaktionen ab. So weinte sich eine Teilnehmerin eines Kurses über Autogenes Training zu Beginn ihrer Übungen manchmal erst ordentlich aus, als sie zufällig entdeckt hatte, daß ihr das Realisieren der Übungen dann leichter fiel, wie sie mir sagte. »Dampf ablassen« – auch durch Weinen ist es möglich.

Vom Fluchen weiß man seit eh und je, daß es von Spannungen befreit. Mit dem Fluchen sei es wie mit den Pickeln, schrieb einmal ein kluger Amerikaner: »Es ist besser, daß es herauskommt, es reinigt das System. Der Mensch, der Selbstkontrolle übt, muß eine Unmenge von Flüchen in seinem Blutstrom haben.«

Der erste Mensch, der seinen Mitmenschen beschimpfte, anstatt ihm den Schädel einzuschlagen, habe, so wurde gesagt, damit die Grundlage der Zivilisation gelegt. Wer also stark gestreßt wurde, fluche ruhig einmal laut heraus.

Ähnlich wie mit dem Fluchen ist es mit dem Schreien. Wer einmal Kinder beobachtet hat, weiß, wie schnell sie ihren Ärger, ihre Frustrationen, aus dem Körper herausschreien. Das aber tun offenbar auch Erwachsene, vor allem während des Autofahrens, wie z. B. die Aufsätze ihrer Kinder verraten. Schreien ist in der Tat ein beliebtes und wirksames Mittel, seinem Ärger, seinem Streß, Luft zu machen. Wer es sich leisten kann, beispielsweise wenn er allein ist, sollte es ruhig anwenden.

Es gibt natürlich noch zahlreiche andere Möglichkeiten, den Streß psychologisch abzubauen. Einige seien hier genannt.

Streßabbau mit anderen psychologischen Maßnahmen

Sichaussprechen bringt Entlastung von Sorgen und Ängsten durch Mit-teilen. Mit-geteiltes Leid ist halbes Leid, oder mitgeteilter Streß ist halber Streß.

Ein Gespräch mit Fachleuten kann Störungen und Krankheiten, die durch Streß entstanden sind, günstig beeinflussen. Solche Fachleute sind der Arzt, Psychologe, Seelsorger, Soziologe, Sozialarbeiter und die Gemeindeschwester; in schweren Fällen sind Psychotherapeuten heranzuziehen.

Hoffnung auf Besserung der Gesundheit, auf Lösung von Konfliktsituationen usw. ist ein wichtiger Punkt der Streßentlastung. Umgekehrt: Ausweglosigkeit und Hoffnungslosigkeit sind schwere Stressoren, die krank machen und das Leben erheblich verkürzen können. Ironisieren Sie Ihren Konflikt oder Ihr Verhalten, beispielsweise Ihre Ängste. Versuchen Sie, Ihr angstvolles Verhalten von der humorvollen Seite zu betrachten. Schon Luther wußte: »Das beste Mittel, den Teufel auszutreiben, ist, ihn auszulachen.«

Nachbarschaftspflege oder jede andere Form von Altruismus kann unter Umständen auch zur Harmonisierung des Innenlebens dienen und damit Streß vermeiden helfen.

Wenn Ihr Partner gestreßt wurde, sollten Sie versuchen, sein Selbstbewußtsein wieder aufzubauen, indem Sie ihn besonders liebevoll behandeln. »Liebe geht durch die Haut« – wir beobachten es auch beim Kampf gegen den Streß: wer von seinem Partner gestreichelt wird, vergißt schnell den durchlebten Streß. Mangelnde Liebe ist Streß.

Liebe und Zuwendung bauen den Streß von kleinen und größeren Kindern am besten ab. Wenn sich Schüler mit einem schlechten Zeugnis nicht nach Hause wagen, was natürlich ein schwerer Streß ist, so zeugt das von einer falschen Einstellung der Eltern und von Lieblosigkeit. Kinder in Liebe aufwachsen lassen ist Streßprophylaxe und -therapie.

Auch für Erwachsene gilt: In einer liebevollen Familienatmosphäre ersticken Streßreaktionen. »Liebe ist der höchste Grad der Heilkunst«, hieß es schon im Mittelalter.

Hunderte von Millionen Menschen bedienen sich auch

heute noch eines uralten erprobten Mittels, sich von ihren Sorgen und Nöten, vom Streß zu befreien: des Gebets. Warum sollte es nicht auch Ihnen in besonders streßbeladenen Situationen helfen? Versuchen Sie es. Nichts kann mehr und schneller beruhigen als ein tiefes Gebet.

Die Familie als Streßkiller

Bemühen Sie sich um ein gesundes Familienleben, in dem Streßreaktionen schmelzen.

Wie sehr das Familienleben auch das Verhalten der Kinder beeinflußt, zeigt eine Studie von Richard H. Blum von der Stanford University in den USA. Danach kamen Kinder, die nur gelegentlich Suchtstoffe benutzten, in der Regel aus Familien mit einer Atmosphäre gegenseitigen Vertrauens und Respektes, mit vorherrschenden Merkmalen wie Toleranz, Humor, Mitmenschlichkeit und Gemeinschaftssinn.

Dagegen gehörten drogenabhängige Kinder Familien an, deren Zusammenhalt nur lose war. Die Eltern waren »permissiv«, sie versuchten, die Kinder allzustark zur Unabhängigkeit zu erziehen und überforderten sie dadurch. Die übergroße Freiheit, die sie ihnen gewährten, wurde von den Kindern als Streß empfunden; sie fühlten sich vernachlässigt und waren frustriert. Das hatte zur Folge, daß die Eltern viel Ärger mit ihren Kindern hatten und daß es ständig zu Konflikten kam. Die später drogenabhängigen Kinder waren auch oft krank, wobei sie offenbar ihre Rolle als Patient genossen. Ihre Eltern waren häufig selbst drogenabhängig.

Für Blum steht fest: sowohl die ungefährdeten wie auch die gefährdeten Kinder spiegeln in ihrem Verhalten nur das elterliche Verhalten wider. Das Zusammenleben ist oftmals ein Streß. Wenn es gutgeht – ein heilsamer, wenn es schlechtgeht – ein krank machender Streß. »Erzogene Eltern« können den Kindern das beste Lebensfundament schaffen; ist jedoch ein Elternteil neurotisch – oder sind es beide Teile –, kann sich leicht eine Familienneurose entwickeln. In solchen Familien wird Alltagsstreß oft nicht mehr bewältigt, sondern mit Krankheiten, meist mit Neurosen, beantwortet. In diesen Fällen muß die ganze Familie behandelt werden.

Hier einige Hinweise für Familien, die sich aus den verschiedensten Gründen ihrer Möglichkeiten als Streßkiller gar nicht bewußt sind.

1 Persönliche Probleme (Streß) besprechen, auch die der Kinder. Wenn man glaubt, gewisse Probleme nicht in der Familie besprechen zu können, sollte man es mit Freunden tun.

2 Wenn sich ein Familienmitglied – beispielsweise der Hausherr – das Rauchen oder Trinken oder zu vieles Essen abgewöhnen will, sollte die ganze Familie dies in jeder Weise unterstützen.

3 Feste bewußt zusammen feiern und zu Höhepunkten des Lebens machen.

4 Öfter einmal etwas gemeinsam unternehmen: Theater oder Museen, Galerien oder Ausstellungen, Messen oder Veranstaltungen besuchen.

5 Eventuell gemeinsam in der Volkshochschule Kurse belegen.

6 Hobbys gemeinsam pflegen. Auch Gemeinschaftsspiele bauen Streß ab.

7 Wenn Fehler begangen wurden, nicht verurteilen, sondern helfen, sie in Zukunft zu vermeiden. Sich in stressigen Situationen gegenseitig beistehen und stützen kann vor lebenslangem Schaden bewahren.

8 Bei Katastrophen und in Kriegen, in Not- und Elendszeiten hat sich die Familie bewährt; in Luxus und Wohlstand dagegen sind viele Ehen zerbrochen oder haben den Zusammenhalt verloren. Die Partner sollten sich dieser Gefahr bewußt werden und durch gegenseitige Offenheit versuchen, diese Klippe zu umschiffen.

9 Eine gesunde Familie pflegt Freundschaften und unterstützt schwächere Angehörige.

Uralte Methoden in neuem Glanz

Meditieren stammt aus dem Lateinischen und heißt nachdenken und nachgedacht werden.

Meditieren besagt, daß man erst innerlich aktiv sein muß,

ehe ein Prozeß in Gang gebracht wird, bei dem man selbst vorwiegend passiv ist.

Für Platon war das Meditieren das Endziel allen menschlichen Strebens, das absolut Schöne.

Den christlichen Lehrern bedeutete die Meditation über Jesus und Gott höchstes Glück, ein beseligendes Empfinden.

Wenn sich der Meditierende selbstvergessen dem Objekt seines »Insichgehens« widmet, wenn er in ihm aufgeht und mit ihm eins zu werden scheint, spürt er ein wenig von jenem Glücksgefühl, das sogar der Skeptiker Schopenhauer als Endziel des Menschen ansah. Aber im allgemeinen können wir es nur in seltenen Augenblicken des Entzückens und Entrückens erreichen.

Auch die Meditation des Yoga und Zen-Buddhismus wirkt streßlösend. Im Westen will man sich durch Yoga und Zen fit halten oder fit machen, um auf diese Weise das Leben besser bewältigen zu können.

Im Osten dagegen sieht man das Ziel der Meditation darin, aus dem Alltagsleben auszusteigen.

Meditation contra Streß

Ob es das meditative Psychohygiene-Training ist, die Oberstufe des Autogenen Trainings oder irgendeine andere Meditation – der primäre Effekt ist immer mehr oder minder der gleiche: Man muß sich konzentrieren, entfernt sich von seinen Alltagssorgen, mit der Zeit werden die Streßreaktionen abgebaut, und man kommt zur Ruhe. Das Ziel der meditativen Übung ist in der Regel nicht die Entspannung, sondern das »Erkenne dich selbst« durch besondere meditative Aufgabenstellungen: Wanderung durch ein unbekanntes Gelände; Wanderung auf einen Berg/Hügel; Jogging durch einen Wald; Schwimmen auf eine nahe Insel; Wanderung auf dem Meeresgrund; Fliegen wie ein Vogel; Radfahren durch eine Großstadt usw. Kursleiter tun stets gut daran, einige Vorgaben zu geben, sei es, daß jedem, der will, ein Zauberring zur Verfügung steht, sei es, daß eine Notwehrwaffe gewählt werden kann. In jedem Kurs erlebt man es, daß nicht nur aggressive Waffen, sondern häufig auch Liebe und Zuneigung mit überraschendem Erfolg zur Streßbewältigung eingesetzt werden. Solche meditativen Erlebnisse bleiben haften und ermutigen dazu, auch im Alltagsstreß so vorzugehen.

Wenn man passiv in seinen geistigen Innenraum gleitet, kommt es zu einer Umschaltung vegetativer Funktionen. Die Atmung wird ruhiger, der Puls niedriger, die Schweißabsonderung geringer, die Muskeln entspannen sich und werden schwer, die Gefäße entkrampfen sich; man hat den Eindruck, als ob der Körper wärmer würde; die Bauchorgane werden ruhiggestellt, die Hirnzellen arbeiten jetzt anders, was sich in der Hirnstromkurve in Form von Alpha-Wellen nachweisen läßt – kurz, diese Symptome, die wir auch vom Autogenen Training her kennen, zeigen an: der Körper hat sich umgestellt, er ist auf Erholung eingestellt. Erst wenn dieser tiefe Ruhezustand erreicht ist, beginnt die eigentliche Meditation.

Wer zur Ruhe gekommen ist, kann den Kurs seines Lebens neu abstecken – vorher ist das nicht möglich. Nun gibt es auch Teilnehmer, die der Ansicht sind, sie könnten das gleiche durch bloßes Ausruhen erreichen. Aber Wissenschaftler haben eindeutig nachgewiesen, daß sich die Regeneration in der Meditation viermal schneller vollzieht als beim bloßen Ausruhen.

Wichtig ist auch die Steigerung der Lebensfreude, die der Meditierende erfährt. Echte Freude kann nur aus der Tiefe kommen. Sie ist ein Streßtöter ersten Ranges.

Man sieht sich nach dem Meditieren mit anderen Augen und betrachtet dadurch oft auch die Stressoren mit anderen Augen – beispielsweise regt man sich nicht mehr so leicht auf. Eine solche »Resonanzdämpfung der Affekte« (Schultz), die wir aus dem Autogenen Training kennen, ist zugleich eine Dämpfung oder ein Zurückdrängen krank machender Streßreaktionen. Vor allem jedoch bewirkt der neue Standpunkt, die gewonnene Gelassenheit, daß die Streßreaktionen bei den »ATisten« und den PT-Übenden nicht mehr so stark sind.

Dies sind nur einige wenige von vielen Wirkungen des Meditierens. Sie zeigen, daß Meditation ein ausgezeichnetes Mittel zum Streßabbau sein kann, das nahezu für jedermann geeignet ist.

Auch der Anfänger wird schon innerhalb weniger Wochen nachweisbar positive Wirkungen spüren.

Meditation ist also keine »kontemplative Weltflucht«, sondern sie hat durchaus einen praktischen Nutzen.

Wer meditiert und sich über das Ergebnis oder die Folgen seines Tuns unklar ist, sollte mit seinem Arzt darüber sprechen. Denn gar nicht selten ist der Meditierende auf ärztliche oder psychologische Hilfe und Absicherung angewiesen. Das gilt ganz besonders für Menschen, die zu Psychosen wie Schizophrenie oder endogener Depression neigen. Durch das Meditieren kann bei ihnen unter Umständen ein neuer Schub ausgelöst werden. Auch schwere Neurotiker sind gefährdet. Darum ist es wichtig, daß der Leiter von Meditationskursen, die solche Menschen besuchen, Arzt oder Psychologe ist und nicht ein in Kurzlehrgängen ausgebildeter Laie, der niemals in Berührung mit verhaltensgestörten oder psychotischen Patienten gekommen ist.

Wie wird meditiert?

1 Essen Sie zwei Stunden vor dem Meditieren nichts mehr.

2 Meditieren Sie möglichst immer während der gleichen Zeit des Tages, zum Beispiel gleich nach der Rückkehr von der Arbeit.

3 Meditieren Sie jeweils etwa 15 Minuten, als Anfänger vielleicht etwas mehr. Je konzentrierter Sie üben, desto kürzer darf die Dauer sein. 10 Minuten allerdings scheinen in jedem Falle notwendig zu sein.

4 Der Raum, in dem Sie meditieren, sollte ruhig sein und nicht zu warm. Die Familienmitglieder sollten Bescheid wissen, damit sie nicht versehentlich stören.

5 Die Kleidung muß leicht sein, sie darf an Hals und Leib nicht beengen.

6 Viele meditieren am liebsten im Sitzen, andere im Liegen, andere in der klassischen Stellung, dem Lotossitz, der den Vorteil hat, daß man in ihm kaum einschläft.

7 Auf einem Segelboot können Sie ebensogut meditieren wie im Wald, am Strand, auf einer Wiese, in der eigenen Kammer oder in einer Kirche.

8 Vor dem Meditieren körperlich vollkommen entspannen; in Gedanken kontrollieren, ob auch wirklich alle Glieder schwer, das heißt entspannt sind.

9 Die Zwerchfellatmung ist die beste Atmung. Lassen Sie »es« in sich atmen.

10 Wollen Sie über einen Begriff wie Ruhe meditieren, richten Sie die Gedanken – natürlich stets mit geschlossenen Augen – auf diesen Begriff, und überlassen Sie sich den sich einstellenden Bildern oder Assoziationen. Wenn die Gedanken abschweifen, konzentrieren Sie sich erneut auf Ihr Ziel. Das kann man innerhalb kurzer Zeit lernen.

11 Wenn beunruhigende Bilder auftreten – wie es gelegentlich vorkommt –, hören Sie sofort auf. Nötigenfalls beraten Sie sich mit Ihrem Arzt. Die Meditation soll beruhigen, nicht beunruhigen. Sie erfüllt einen schon nach ganz kurzer Übungszeit mit einem angenehmen Gefühl der Genugtuung, der Zufriedenheit, der Erleichterung und vor allem der ganz tiefen Ruhe.

12 Manche finden es hilfreich, kurz vor dem Meditieren zu beten.

13 Wenn es Ihnen schwerfällt, sich von Ihren Alltagssorgen zu lösen und sich der Meditation hinzugeben, können Sie sich vorstellen, Sie kämen von einer langen Wanderung zurück und seien angenehm ermattet. Noch besser ist es, Sie wandern vorher tatsächlich eine oder mehrere Stunden lang.

14 Meditieren lernen Sie am besten bei einem Fachmann. Wer psychisch nicht völlig gesund ist, sollte es nur bei einem Arzt oder Psychologen lernen.

Meditation ohne Bilder

Wesentlich komplikationsärmer – aber ähnlich positive Wirkungen erzeugend – ist das Meditieren ohne Bilder. Auch diese Meditation ist ein Durchdringen zum wirklichen Kern unseres Selbst, ein Sich-in-die-Mitte-Begeben.

Wiederum werden die ersten neun Punkte des vorhergehenden Kapitels beachtet. Hinzu kommen folgende Hinweise:

1 Halten Sie Ihren Finger etwa 15 Zentimeter von der Nasenwurzel entfernt und fixieren Sie ihn. Schließen Sie jetzt die Augen und lassen Sie sie während des Meditierens in dieser Stellung.
2 An gar nichts denken, alle auftauchenden Gedanken streichen.
3 Erwarten Sie nichts als wohltuende Ruhe, als Stille, die – wie es in der Zen-Meditation heißt – »allen Lärm durchbricht«.
4 15 Minuten genügen.

Das Alter spielt keine Rolle

Die Fähigkeit zu meditieren ist altersunabhängig. Meine jüngsten Kursteilnehmer waren neun Jahre jung. Sie lernten es besonders schnell. Hier zwei Beispiele aus ihren Protokollen: Ein neunjähriger Schüler: »Mein Gott, war das ruhig und schön in mir. Ich wußte gar nicht, daß so etwas auch in einem Kind sein kann.« Und ein elfjähriger Junge: »Sonst bin ich immer gleich so zappelig, hier habe ich gemerkt, daß ich auch ruhig sein kann. Hoffentlich kann ich das zu Hause auch.«

Die älteste Teilnehmerin war 79 Jahre alt. Sie erlernte das Meditieren nicht so gut wie die jungen Teilnehmer, aber aus ihrem Protokoll ergibt sich doch, daß sie ganz erheblichen Nutzen daraus zog: »Auch in meinem Alter habe ich noch Probleme. Das Zusammenleben mit den Kindern ist nicht immer leicht. Aber wenn ich meditiert habe, kann ich alles besser ertragen.« Im Kurs spürte sie nur die große Wohltat der Ruhe, die sich während des Übens jedesmal in ihr ausbreitete.

Autogenes Training als Streßprophylaxe

Eine gute Streßprophylaxe und -therapie sind das Autogene Training und das Psychohygiene-Training (PT). Das AT ist eine Art Selbsthypnose durch Autosuggestion, eine »konzentrative Selbstentspannungsmethode«, die sich für Gesunde und Kranke eignet.

»Autogen« heißt selbst erzeugt, und das Wort Training besagt, daß man methodisch vorgehen und üben muß.

Der Schöpfer des AT ist Professor J. H. Schultz. Bei Hypnose-Experimenten hatte er – wie vor ihm schon andere Forscher – festgestellt, daß der Körper des Patienten beim Eintritt in die Hypnose schwer und warm wird und die Organe ruhiger arbeiten. Das sind Symptome einer zentralen Umschaltung, die auch das Ziel des AT ist.

Die »organismisch leibseelische Umschaltung« – wie Schultz sie nennt – erreichen wir durch Denkvorstellungen. Denkvorstellungen haben die Tendenz, sich im Körper zu verwirklichen. Anfangs sprach Schultz den Patienten die Symptome von Schwere und Wärme vor – woraufhin sie in den gewünschten hypnotischen Zustand fielen.

Schließlich kam er auf die geniale Idee, die Patienten zu bitten, sich die Symptome in Gestalt von Formeln selbst vorzusagen. Und auch damit wurde die beabsichtigte Wirkung erzielt. Das war die Geburtsstunde des Autogenen Trainings.

»Arm ganz schwer«

In der sogenannten Droschkenkutscherstellung, viel häufiger jedoch in passiver oder aktiver Sitzstellung sagt sich der autogen Trainierende einmal »Ich bin vollkommen ruhig und gelassen«, um sich dann etwa sechsmal auf die erste Übungsformel »Arm ganz schwer« zu konzentrieren. Diesen Turnus wiederholt man drei- bis viermal.

Rechtshänder wählen den rechten Arm, weil sie in ihm die Schwere (und später natürlich auch die Wärme) leichter spüren als im linken Arm. Der rechte Arm ist bei ihnen der »ichnähere«. Man konzentriert sich vor allem auf den rechten Unterarm und läßt den übrigen Körper völlig außer acht. Linkshänder nehmen den linken Arm.

Je besser man sich mit seinen Gedanken in den rechten (oder linken) Arm versetzen kann, je konzentrierter man dabei ist, desto leichter fällt einem die Realisierung der Schwere. Und Schwere bedeutet Muskelentspannung.

Eine Hilfestellung für Anfänger: Drücken Sie vor der Schwereübung beide Arme mit aller Kraft auf die Oberschenkel. Die anschließend eintretende reaktive Muskelentspannung wird jetzt ganz deutlich als Schwere empfunden.

Im allgemeinen kann jede Woche eine neue Übung erlernt werden.

Das Zurücknehmen nicht vergessen

Durch das Vorsagen der Vorstellung »Arm ganz schwer« treten Veränderungen im Arm und später auch im ganzen Körper auf, die wieder zurückgenommen werden müssen. Das Zurücknehmen erfolgt stets in der gleichen Weise:

»Arme fest – tief atmen – Augen auf«

Bei »Arme fest« werden die Hände mehrfach mit aller Kraft zur Faust geballt; danach werden die Arme wieder entspannt. Man kann die Arme auch kräftig strecken und beugen. Auf jeden Fall muß der Übende hier ganz energisch vorgehen, sonst kann es passieren, daß ein leichtes Gefühl der Schwere zurückbleibt, das für längere Zeit, gelegentlich sogar eine Woche lang, anhält. Das ist zwar nicht gefährlich, doch ist es auch nicht gerade angenehm.

Anschließend wird man »tief atmen« und erst dann die Augen öffnen. Das Zurücknehmen muß gewissenhaft durchgeführt werden. Wenn in meinen Kursen bei einigen Übenden tatsächlich einmal Symptome der Schwere fortbestanden, war dies stets auf falsches Zurücknehmen zurückzuführen. Schon wenn man sehr nachlässig und ohne Muskelanstrengung – gleichsam symbolisch – zurücknimmt, treten unter Umständen Nachwirkungen auf.

Wer abends während des Trainierens einschläft, braucht nicht zurückzunehmen.

Auch wenn man zu Beginn des AT-Kurses noch keine Schwere oder Wärme empfindet, sollte man energisch zurücknehmen. Denn es kommt gelegentlich vor, daß sich die Symptome erst nach dem Üben zeigen. Manchmal spürt man sie nur deshalb nicht, weil es sich ja um völlig neue Körpergefühle handelt.

»Hand ganz warm«

Die zweite Formel lautet: »Hand ganz warm«. Man beginnt stets mit der Ruhetönung und baut sich auch diese Formel im gleichen Rhythmus wie die erste ein. Die Übungen sehen jetzt also folgendermaßen aus:

»Ich bin vollkommen ruhig und gelassen«
»Arm ganz schwer« (Arm ganz schwer, ganz schwer, schwer, 2 ×)
»Ich bin vollkommen ruhig und gelassen«
»Arm ganz schwer« (Arm ganz schwer, ganz schwer, schwer, 2 ×)
»Ich bin vollkommen ruhig und gelassen«
»Hand ganz warm« (Hand ganz warm, ganz warm, warm, 2 ×)
»Ich bin vollkommen ruhig und gelassen«
»Hand ganz warm« (Hand ganz warm, ganz warm, warm, 2 ×)
»Ich bin/bleibe vollkommen ruhig und gelassen«
Zurücknahme: »Arme fest – tief atmen – Augen auf«

Wärme bedeutet Gefäßentspannung; die häufig verkrampften Blutgefäße entkrampfen sich, der Blutdruck sinkt während des Trainierens. Gelegentlich kann es auch passieren, daß bei dieser Übung ein leichtes Schwindelgefühl entsteht, doch ist diese Nebenwirkung nicht gefährlich. Wenn man im Liegen übt, wie das zu Hause gewöhnlich der Fall ist, treten solche Symptome kaum auf.

Manche Übende spüren die Wärme oder ein Kribbeln in den Händen vor der Schwere. Manchmal spürt man auch Schwere oder Wärme im »ich-fernen« Arm zuerst oder zugleich in beiden Armen.

Es gibt hierbei viele Reaktionsmöglichkeiten, und jeder Übende wird die Verwirklichung der Formeln natürlich anders empfinden.

Ziel des Übens ist, daß der ganze Körper schwer und warm wird. Nach einer gewissen Zeit des Übens tritt die »Generalisierung«, wie Schultz dieses Phänomen nannte, von allein auf. Wer unter kalten Füßen leidet, kann mit Hilfe der Wärmeübung seine Füße auch ohne ein heißes Fußbad wieder warm bekommen. Ebenso kann der Trainierte auf diese Weise bei einem Winterspaziergang Wärme in seine Ohren oder Hände hineindirigieren. Das AT ist also auch im Gehen möglich.

Physiologische Veränderungen

Wir versuchen, uns in der rechten/linken Hand Wärme »einzubilden« und diese Eigenwärme zu fühlen. Einbildung bedeutet hier jedoch nicht, daß im Arm nichts geschieht und alle Sensationen auf einer Illusion, einer Selbsttäuschung, beruhen. Denn das ist keineswegs der Fall. Wärme in der Hand und im Arm heißt: die Gefäße haben sich entspannt, ihr Lumen ist größer geworden, in den Arm ist mehr Blut geflossen. Je nach der Ausgangstemperatur der Hand kann die Temperatur bis zu fünf Grad oder auch mehr ansteigen.

Umgekehrt bedeuten kalte Füße oder Hände, daß zuwenig Blut in ihre Haut gelangt. Das kann psychische Gründe haben, aber auch Kreislaufstörungen können die Ursache sein. Jedenfalls gehört es zu den leichtesten Übungen des AT, die »innere Zentralheizung« anzustellen, sich also Wärme in die Gliedmaßen zu konzentrieren.

Wie lernt man das AT am leichtesten?

Man muß davon überzeugt sein, daß man imstande ist, das AT zu erlernen, wie Hunderttausende vor einem es schon erlernt haben. Zweifel am Gelingen darf man gar nicht erst aufkommen lassen. Außerdem sollte man einen Grund, ein Motiv, für das Erlernen dieser Methode haben. Sie haben das Motiv: Streßabbau. Das AT sollte jeder beherrschen, der sich selbst beherrschen will. Wer auf dem Gebiet des AT ein Könner ist, wird es auch schnell auf anderen Gebieten. Glauben Sie an sich und die Methode, und Sie erlernen sie im Handumdrehen.

Wer systematisch übt, eignet sich das AT ebenfalls leicht an. Den meisten Menschen ist es nicht gegeben, systematisch zu trainieren – tun Sie es dennoch: Es erleichtert das Lernen ganz erheblich. Üben Sie fünf bis zehn Minuten in der Mittagspause und abends noch einmal – so gelangen Sie schnell zum Erfolg.

Die Atemübung

Die Atemformel lautet: »Atmung ganz ruhig (und gleichmäßig).« Die Übungsfolge hat damit jetzt diesen Wortlaut:

»Ich bin vollkommen ruhig und gelassen«
»Arm ganz schwer, ganz schwer, schwer« (2 ×)
»Ich bin vollkommen ruhig und gelassen«
»Hand ganz warm, ganz warm, warm« (2 ×)
»Ich bin vollkommen ruhig und gelassen«
»Atmung ganz ruhig und gleichmäßig« (etwa 3 ×)
»Es atmet mich – es atmet in mir«
»Ich bin vollkommen ruhig und gelassen«
»Arme und Beine entspannt und angenehm warm« (etwa 3 ×)
»Atmung ganz ruhig und gleichmäßig« (etwa 3 ×)
»Es atmet mich – es atmet in mir«
»Ich bleibe vollkommen ruhig und gelassen«
Zurücknahme: »Arme fest – tief atmen – Augen auf«

Ziel der Atemübung im AT ist die Passivierung der Atmung; es soll automatisch in uns atmen (»Es atmet in mir«), was bedeutet, daß wir nicht aktiv oder bewußt atmen, sondern die Atmung sich selbst überlassen. Diese Passivierung der Atmung ist besonders für Asthmakranke wichtig, obwohl die Schwereübung im Anfall für diesen Personenkreis die wichtigste AT-Übung darstellt.

Wie sollen wir atmen? Es gibt keine Methode, die allen in gleicher Weise zu empfehlen wäre. Worauf wir achten müssen, ist, daß wir die Zwerchfellatmung bevorzugen: Beim Einatmen wölben sich Leib, Flanken und sogar der Rückenbereich in Höhe des Zwerchfellansatzes leicht oder deutlich vor.

Darf man das AT allein lernen?

Unendlich viele Patienten haben das AT aus Büchern gelernt. Wenn einige damit keinen Erfolg hatten, so lag das häufig an den Büchern: Manche sind nicht klar und verständlich genug geschrieben. Ich bin durch zahlreiche Übende, die sich das AT selbst beigebracht haben und durch die Ausbildung von vielen tausend Menschen davon überzeugt worden, daß man ruhig raten kann, die drei erwähnten Übungen – das Grundtraining des AT – allein zu lernen. Davon gehe ich in meinem Buch über das AT im Mosaik-Verlag aus, das als Heyne-Taschenbuch erschienen ist.

Das gilt jedoch nur für Menschen, die sich gesund fühlen. Verhaltensgestörte – mit dem verstaubten Namen Neurotiker bedacht – sollten das AT auf jeden Fall in einem Kurs eines Fachmannes oder einer Fachfrau lernen; das gleiche gilt für vegetativ Labile.

Die drei anderen Übungen des AT – Herz-, Leib- und Kopfübung – sollten unter ärztlicher Aufsicht erlernt werden, weil bei ihnen vor allem bei unbewußter Erwartungsangst leicht kleine Störungen auftreten.

Mit den drei ersten Übungen – Ruhe-, Schwere- und Wärmeübung – kann man im großen und ganzen das gleiche positive Ergebnis erzielen wie mit allen sechs Übungen zusammengenommen. Sie genügen auch zum Einbau der formelhaften Vorsätze.

Formelhafte Vorsätze

Am Ende des Trainierens, wenn man in die autogene Versenkung geglitten ist, verleibt man sich Autosuggestionen, formelhafte Vorsätze, Visualisierungen mindestens zehn Minuten lang in die tieferen seelischen Schichten ein. Man sagt sich seine Vorsätze vor dem Zurücknehmen (leise oder in Gedanken) zehn- bis zwanzigmal möglichst genau und intensiv vor und koppelt sie am besten mit dem Atemrhythmus oder dem Herzschlag, indem man sich beispielsweise mit jedem Herzschlag eine Silbe oder besser noch ein ganzes Wort einprägt. Je intensiver man sich den Inhalt der Vorsätze vorstellt, desto sicherer ist ihre Wirkung.

Sie wirken je nach Motivation und autogenem Trainingseffekt innerhalb von Sekunden oder Tagen. Der Übende steht dann gleichsam unter dem Zwang, daß sich die Vorsätze verwirklichen. Von meinen Kursteilnehmern wird die Ruheformel »Ich bin vollkommen ruhig und gelassen« am häufigsten als autogener Vorsatz verwendet. Das ist auch erklärlich, denn viele Menschen haben etwas mehr Gelassenheit bitter nötig.

Die Vorsätze müssen zum jeweiligen Leiden passen, sie müssen zur Person passen, sie sollten kurz, humorvoll, rhythmisch und vor allem positiv formuliert sein. Wer also seine Angst zurückdrängen will, darf sich nicht sagen: »Ich habe keine Angst« oder »Angst stört nicht«, sondern »Angst ist ganz gleichgültig«. Lärmempfindliche wählen beispielsweise den Vorsatz: »Lärm ganz gleichgültig« usw. Daß gelegentlich auch lange, negative und unrhythmisch abgefaßte Vorsätze eine positive Wirkung haben können, ist selbstverständlich.

Man muß die autogenen Vorsätze erst einmal schriftlich fixieren, ehe man beginnt, sie sich einzuverleiben. Am besten ist es, wenn man die Vorsatzbildung in einem Kurs erlernt, nötigenfalls bespricht man sich mit seinem Arzt. Denn die Gefahr, durch eine unkontrollierte und nicht distanzierte Anwendung ein eingebildeter Gesunder zu werden, ist hin und wieder sicherlich einmal gegeben. Wenn man zum Beispiel den günstigsten Zeitpunkt für eine Krebsoperation verpaßt, kann ein nicht wiedergutzumachender Schaden die Folge sein.

Vorsätze, Vorstellungen und Visualisierungen, die tief verankert werden, haben den Drang, sich auf geheimnisvolle Art und Weise zu verwirklichen. Als ich 1956 den Atlantik in einem gewöhnlichen Serienfaltboot überquerte, half mir diese Tatsache entscheidend: Die Vorsätze wirkten selbst dann noch, wenn ich drohte einzuschlafen; sie durchbrachen sogar illusionäre Verkennungen und Halluzinationen. Wer das AT beherrscht, darf also seine persönliche Leistungsgrenze gelegentlich auch einmal überschreiten.

Wie lange und wie häufig üben?

Alle drei Übungen zusammen dauern nicht länger als fünf Minuten. Gibt man sich zusätzlich Vorsätze, so benötigt man unter Umständen etwas mehr Zeit. Aber länger als zehn Minuten sollte man nicht üben. Das kurze Üben hat den Vorteil, daß man zwangsläufig lernt, sich sehr intensiv zu konzentrieren, und infolgedessen kann man das AT auch in Notfällen oder in kurzen Arbeitspausen einsetzen. Denn wer dafür eine halbe Stunde benötigt, kann mit dem AT beispielsweise in der Mittagspause, während einer Tagung oder sogar während einer Diskussion kaum etwas anfangen.

Wie häufig man üben soll, ist von verschiedenen Faktoren abhängig, vor allem vom Alter. Kinder erlernen das AT sehr schnell, sie brauchen im allgemeinen auch zu Beginn des Trainierens nur ein- oder zweimal täglich zu üben. Je älter man wird, desto regelmäßiger und häufiger sollte man üben, am besten dreimal am Tag.

Die Wirkungen des AT

Bei Befragung von 400 Teilnehmern meiner Kurse gaben nur zwei an, sie seien generell nicht ruhiger und gelassener geworden. Man darf also annehmen, daß durch die autogen erzielte Ruhe die Streßtoleranz steigt und daß bei aufgetretenem Streß die Ruhe auch schneller wieder zurückkehrt.

Durch das Trainieren wird man im Nu wieder fit, besonders, wenn man sich daran gewöhnt, autogene Vorsätze zu verwenden. Man schläft mit Hilfe des AT schnell ein und kann insgesamt besser schlafen; man lernt sich besser konzentrieren, wovon auch das Gedächtnis profitiert. Die Leistungen auf vielen Gebieten – unter anderem im Beruf, im Sport – können gesteigert werden. Das AT führt zu einer tiefen Entspannung und Entkrampfung, psychisch wie körperlich.

Man wird in allem, was man tut, etwas gelassener, die Affekte verlieren an streßerregender Wirkung. Das Ich ist nicht mehr so empfindlich, und schon allein dadurch fällt so mancher Streß weg.

Das Psychohygiene-Training

Wer mit dem AT nicht zurechtkommt, sollte es einmal mit dem von mir entwickelten Psychohygiene-Training versuchen, einer »autosuggestiven konzentrativen Atmungs- und Entspannungsmethode«, die leichter zu erlernen ist und intensiver wirkt als vergleichbare Methoden. Die leichtere Erlernbarkeit ist einmal darauf zurückzuführen, daß beim PT mehr Wert auf das Körpergefühlstraining gelegt wird, und zum andern darauf, daß die Übungen mit der Ausatmung kombiniert werden. Zahlreiche Leser haben die Methode aus meinem Buch »Einfach Entspannen, Psychohygiene-Training« gelernt oder Übungen, die sie mit dem AT nicht realisieren konnten, mit Hilfe der PT-Atmung zum ersten Mal verwirklichen können. Das gilt insbesondere für die Wärmeempfindung in den einzelnen Bauchorganen oder in deren Bereich.

Überdies ist es mit Hilfe des PT leicht möglich, durch gezieltes und leicht verzögertes Ausatmen Kontakt zu den Schwachstellen des Körpers aufzunehmen, so daß es dort zu wesentlichen Besserungen kommt. Hier werden Ähnlichkeiten mit dem Yoga erkennbar. Ferner läßt sich die PT-Atmung im Gegensatz zu allen anderen Entspannungsmethoden auch während des Streßgeschehens unbemerkt für Beobachter anwenden.

4. Das tägliche Anti-Stress-Training für den beruflichen Alltag

Was können Sie außer den bereits angeführten Dingen tun, um Ihren beruflichen Alltag streßarm zu gestalten? Ein ausgewogener Tagesrhythmus trägt viel zu einem gesunden Lebensrhythmus, dem »Biorhythmus«, bei. Wichtig ist ein gut abgestimmter Wechsel zwischen Arbeit und Pause, Spannung und Entspannung.

Im folgenden gebe ich Ihnen einige Hinweise und Ratschläge, die Ihre physische und psychische Stabilität fördern sollen.

Plötzliche Rhythmusänderung wird zum Streß

Unser biologischer Rhythmus ist vorprogrammiert. Jahrtausendelang lebte der Mensch im Rhythmus der Natur. Dann kam die Zivilisation und brachte ihn »aus dem Rhythmus«, aus dem Takt. Künstliche Beleuchtung, Zentralheizung, Nachtarbeit und andere Faktoren wirken ganz erheblich auf den biologischen Rhythmus ein.

Im allgemeinen erreicht unsere Leistungsfähigkeit zwischen acht und elf Uhr einen Höchstwert, um dann bis etwa 14 Uhr abzusinken. Etwa zwischen 15 und 21 Uhr ist wiederum ein Leistungsanstieg zu verzeichnen, der allerdings geringer ist als in den Morgenstunden. Danach fällt die Kurve jedoch steil ab und erreicht gegen drei Uhr morgens ihren Tiefpunkt, um dann erneut anzusteigen.

Während physiologischer Tiefpunkte ist die Unfallgefahr größer, Fehlleistungen werden vor allem bei Nachtarbeitern häufiger.

Aber es gibt auch Menschen, deren Rhythmus anders verläuft. Der »Morgenmuffel« wird erst am späten Vormittag richtig wach, er versäumt zwar den morgendlichen Anstieg der Leistungsfähigkeit, zeigt dafür jedoch am Nachmittag und Abend eine Leistungskraft und -lust, die seinen Gegentyp, den »Morgensänger«, immer wieder in Erstaunen versetzt. Bei vielen anderen Menschen hingegen läßt sich kaum ein Unterschied zwischen morgendlicher und abendlicher Leistungsfähigkeit feststellen, sie können sowohl morgens wie abends Besonderes leisten.

Jeder sollte sich so weit kennen, daß er sagen kann, wann seine Leistungskurve am tiefsten ist. Denn dann kann er seine Pausen danach einrichten und braucht seinen Rhythmus nicht zu vergewaltigen und sich selbst nicht zu stressen. Abends sollte man danach trachten, seine Einschlafzeit dem persönlichen Rhythmus entsprechend zu fixieren.

Es scheint neuesten Untersuchungen zufolge aber doch so zu sein, daß viele »Morgenmuffel«, durch Not oder Pflicht motiviert, ihren Rhythmus den Gegebenheiten anpassen können. Sie sollten dies allerdings nicht zu plötzlich und nicht unvermittelt tun, sonst wird der Streß zu groß.

Für den Rhythmus im besonderen und die Lebensführung im allgemeinen spielt das Pausemachen eine wichtige streßmindernde Rolle.

Pausieren – die Kunst der Streßminderung

Wer hin und wieder eine kurze Pause einlegt, ist deshalb noch kein Zeitverschwender. Oft schafft er letzten Endes mehr als der Geschäftige. Allzu große Geschäftigkeit ist meist ein Symptom mangelnder Reife und Distanz. Wer schöpferisch tätig ist, muß die Kunst der sinnvollen Pause beherrschen: In ihr gewinnt man Abstand zu vielen Problemen, die einen bestürmen, und findet eine Lösung für sie.

Zur rechten Zeit Pausieren bedeutet jedoch auch Erholung vom Streß. Mehr noch: Pausen können Streßreaktionen so weit abschwächen, daß sie nicht mehr Belastung, sondern nur noch Anregung sind.

In der Arbeitspause sollte man zur Ankurbelung des Kreislaufs frische Luft schnappen oder Treppen hinunter- und schnell wieder herauflaufen oder mit dem Baligerät ein bis drei Minuten lang Übungen machen. Manchmal genügt es auch, zur Abwechslung ein paar Sekunden aus dem Fenster zu schauen und vielleicht die Vögel zu beobachten oder sich über die verschiedenen Farben in der Natur zu freuen.

Die Pause ist zur Entmüdung da, die Freizeit zur Entspan-

nung und der Urlaub zur Erholung. Die Entmüdung sieht natürlich bei einem Arbeiter anders aus als bei einem Büroarbeiter; er wird einen kleinen Imbiß zu sich nehmen, sich unterhalten oder die Zeitung lesen wollen. Der Büroarbeiter dagegen braucht Bewegung.
Wer den ganzen Abend fernsieht, sollte zwischendurch seinen Kreislauf durch ein paar gymnastische Übungen anregen. Er sollte aber auch seinen Augen einmal Gelegenheit geben, sich zu »erholen«, indem er sie während bestimmter Szenen schließt und sich nur auf die Worte konzentriert.

Insgesamt müssen wir alle »pausenbewußter« werden, unser Körper wird es uns danken.

Schlafstörungen durch Streß

Wenn man eine streßreiche Aufgabe vollendet hat, kann man bekanntlich gut schlafen. »Nach getaner Arbeit ist gut ruhn.« Die Spannung fällt weg, die Entspannung bricht durch – Ruhe nach dem Sturm.

Ganz anders hingegen ist es, wenn man eine streßreiche Arbeit noch nicht beendet hat: Die Spannung hält einen wach, man schläft weniger oder schlecht. Das aber hat seinen Grund: Im Streß werden Hormone ausgeschieden, die zu Höchstleistungen anregen und jede Müdigkeit vertreiben. Wer spätabends über einer geistigen Arbeit sitzt, wird also von seinem eigenen Schwung mitgerissen, doch kommt es häufig vor, daß er dann einem anderen Stressor zum Opfer fällt – den Schlafstörungen. Es bildet sich ein Teufelskreis, den zu durchbrechen oftmals schwierig ist. Man bleibt am Morgen schläfrig und greift zu starkem Kaffee und bisweilen auch zu Tabletten, die wach halten sollen. Manche Abhängigkeit von Suchtstoffen ist so entstanden.

Aber außer der geistigen Arbeit bis spät in die Nacht gibt es noch andere Faktoren, die als Stressoren wirken können und einen nicht einschlafen lassen: Wein etwa oder zu spät getrunkener Kaffee, zu große Hitze oder Kälte, ein schweres Abendessen etc. Jeder sollte wissen, welche dieser Faktoren ihn persönlich stressen, und sie ausschalten. Zusätzlich hilft Autogenes Training. Zahlreiche Trainierende haben an sich selbst erfahren, wie sich die konzentrative Selbstentspannung des Autogenen Trainings durch leichteres Einschlafen und Durchschlafen bemerkbar macht.

Ferner wird man abends den Tag ausklingen lassen und sich beispielsweise einem entspannenden Hobby widmen oder einen erholsamen Spaziergang machen. Wer dennoch schlecht schläft, sollte zusammen mit seinem Arzt nach den Ursachen fahnden.

Vielleicht arbeitet sein Herz schlecht, oder die Hirngefäße sind verkalkt, oder es steckt ein anderes körperliches Leiden hinter den Schlafstörungen. Auch Bewegungsmangel ist manchmal der Grund und Streßarmut: Ja, Mangel an Streß, Einförmigkeit des Alltags, kann unter Umständen zu Schlafstörungen führen. Die psychischen Faktoren werden leider häufig nicht genügend berücksichtigt, und ein schlechtes Gewissen ist eben auch ein schlechtes Ruhekissen.

Selbstverständlich gibt es auch Lebenskünstler, die sogar unter Streß einen »gesunden« Schlaf haben. Ihnen kann man nur gratulieren. Es sind meist Menschen, die schnell und vollkommen abschalten und sich auch besonders gut konzentrieren können. Aber seine Streßreaktionen auszuschlafen ist nicht jedem gegeben. Gutes Zureden hilft gar nichts, dagegen schon eher ein Besprechen der Probleme und das Sichselbstberuhigen. Auf jeden Fall sollte man versuchen, ohne Schlafmittel auszukommen, die häufig nicht nur Nebenwirkungen haben, sondern auch den Schlafrhythmus stören.

Bewegung ist ein bewährtes Mittel zum Einschlafen. Wenn man sich einen Heimtrainer, ein Standfahrrad, anschafft, kommt das meist der ganzen Familie zugute. Vor allem im Winter, wenn es draußen regnet oder schneit und man keine Lust zum Wandern hat, ist es von großem Nutzen.

Schlafregeln

1 Ruhe und Entspannung erreichen Sie, wenn Sie die Muskeln systematisch entspannen, beispielsweise nach der Methode der progressiven Muskelentspannung von Professor E. Jacobson in Chicago. Sie ballen erst einmal

kräftig die Fäuste und merken dabei, wie sich die Muskeln spannen. Wenn Sie die Hände dann allmählich öffnen, spüren Sie sofort ein Gefühl der Entspannung. Das gleiche praktizieren Sie mit dem Gesicht: Kneifen Sie die Augen fest zu und pressen Sie die Lippen zusammen, um die Muskeln anschließend wieder zu entspannen. Danach kommen die Beine und die Füße an die Reihe. Auf diese Weise lösen sich die Spannungen im Körper, die vor allem ein Zeichen von Nervosität und Angst sind und sich bei den meisten Menschen nachweisen lassen. Entspannung der Muskeln ist die Via regia zum Schlaf.

2 Wenn Sie abends zuviel essen, riskieren Sie unter Umständen, unruhig zu schlafen und schlecht zu träumen. Auch Käse, Wein und koffeinhaltige Getränke können der Grund für Schlafstörungen sein, obwohl viele durchaus gut danach schlafen.

3 Menschen mit psychischen Störungen schlafen im allgemeinen schlechter als psychisch Gesunde. Wenn Sie meinen, daß Sie zur ersten Gruppe gehören, sollten Sie zusammen mit Ihrem Arzt überlegen, wie solche Störungen, hinter denen beispielsweise eine latente Depression stecken kann, auszuschalten sind.

4 Wenn Sie den ganzen Abend geistig tätig waren, sollten Sie von vornherein vor dem Zubettgehen eine Übergangszeit einplanen, in der Sie sich auf den Schlaf vorbereiten. Bewegung, leichte Lektüre usw. kommen hier in Frage.

5 Die günstigste Schlafzimmertemperatur ist individuell sehr verschieden, für viele liegt sie zwischen 15 und 18 Grad Celsius. (Die optimale Luftfeuchtigkeit soll angeblich etwa 45 Prozent betragen.) Wenn Sie jedoch zu Infekten der Atmungsorgane oder zu Rheumatismus neigen oder sich bei dieser Temperatur nach einer Eingewöhnungszeit von vier Wochen immer noch nicht wohl fühlen, dürfen Sie ruhig ein etwas wärmeres Zimmer wählen.

6 Die Matratze sollte nicht zu weich, aber auch nicht extrem hart sein.

7 Sorgen Sie vor dem Zubettgehen für warme Füße. Das geschieht durch Laufen auf der Stelle, durch ein heißes Fußbad, durch Kneippsche Anwendungen oder indem Sie sich die Füße ganz einfach durch die Kraft der Vorstellung (Autogenes Training) warm machen.

8 Der Mensch ist, was das Schlafen betrifft, ein Gewohnheitstier: Je regelmäßiger er zu einer bestimmten Zeit ins Bett geht, desto leichter schläft er ein.
Versuchen Sie also, möglichst immer zur gleichen Zeit schlafen zu gehen. Jeder hat seinen eigenen Schlafrhythmus, den er – über längere Zeit gesehen – einhalten sollte.

9 Gewöhnen Sie sich an ein bestimmtes Einschlafritual. Ein Glas Milch direkt vor dem Zubettgehen hat schon vielen das Einschlafen erleichtert.

10 Eines dürfen Sie niemals tun: unbedingt einschlafen wollen. Der Schlaf muß sich in den Körper einschleichen; wer ihn ergreifen will, greift ins Leere und vertreibt ihn.

11 Sind Sie nachts aufgewacht, so können Sie am schnellsten wieder einschlafen, wenn Sie sich erneut auf die Entspannung konzentrieren. Natürlich gibt es auch andere Methoden. Benjamin Franklin wechselte in einem solchen Fall in ein zweites Bett über. Andere zählen bis 1000 oder sagen Gedichte auf. Auch Beten für andere Menschen ist für viele ein sicherer Weg, schnell wieder einzuschlafen; man konzentriert sich dadurch von sich selbst und von seinen Sorgen weg. Auf keinen Fall jedoch darf man sich über den unterbrochenen Schlaf ärgern.

12 Wenn Sie tatsächlich nachts einmal eine Zeitlang wach liegen, sollten Sie sich damit trösten, daß Ihr Körper dann im Schongang arbeitet und sich auf diese Weise dennoch etwas erholt. Wer übrigens glaubt, er habe nachts »kein Auge zugemacht«, irrt sich: Versuche ergaben, daß auch solche schlechten Schläfer ein paar Stunden geschlafen haben. Sie wissen es nur nicht mehr, weil sie zwischen den Schlafperioden – schon durch leiseste Geräusche geweckt – lange wach waren.

Wieviel Schlaf benötigt der Mensch überhaupt? Mit sechs Jahren schläft man gut elf Stunden, mit 15 Jahren etwa neun, mit 20 ungefähr acht; mit 60 Jahren schließlich schläft man durchschnittlich sieben Stunden.

In Einzelfällen weicht das Schlafbedürfnis natürlich von dieser Regel ab.

Den Streß »ausatmen« mit der PT-Atmung

Ein wirksames Mittel bei der Bekämpfung von Streßreaktionen, dessen man sich auch unauffällig am Arbeitsplatz bedienen kann, ist die Veränderung des Atemrhythmus. Atmen Sie besonders tief ein und langsam wieder aus. Bevorzugen Sie dabei die Zwerchfellatmung: Beim Einatmen wölbt sich der Leib vor, beim Ausatmen flacht er sich ab. Lassen Sie »es« in sich atmen, geben Sie sich diesem Vorgang hin, denken Sie dabei an nichts – höchstens an Ru-he. Sie atmen sich damit frei von kleinen Ängsten und vegetativen Störungen.

Auch Lampenfieber können Sie in dieser Form wunderbar bekämpfen. Jedoch sollte man nicht länger als etwa zwei Minuten auf diese Weise ausatmen und stets darauf achten, daß nach der verlängerten Ausatmung eine kurze Pause folgt, damit es nicht zur Überatmung kommt. In dem schon erwähnten Buch »Einfach Entspannen, Psychohygiene-Training«, bin ich sehr ausführlich auf die PT-Atmung eingegangen. Daß man immer dann, wenn Streß zu erwarten ist, sein Vegetativum ganz schnell durch die PT-Atmung in den Griff bekommen kann, ist wohl der größte Vorteil dieser Methode.

Ebenso wie sich Angst auf ein erträgliches Maß »ausatmen« läßt, kann man auch aufkommende Müdigkeit durch einen – allerdings unnatürlichen – veränderten Atemrhythmus verscheuchen, beispielsweise während eines Vortrages oder während einer Konferenz.

Dazu atmet man tief und langsam ein und läßt die Atemluft dann relativ schnell wieder entweichen. Betonung der Einatmung bedeutet Anspannung, Verlängerung der Ausatmung bedeutet mehr Entspannung. Müdigkeit wird auch etwas vertrieben, wenn die Ausatmungsluft stoßweise durch den Mund entlassen wird.

Durch Abhärtung zu größerer Streßstabilität

Zu einer gesunden Lebensführung gehören auch Abhärtungsmaßnahmen. Sie entscheiden mit darüber, wie streß- und krankheitsanfällig man ist. Daher sind sie von alters her immer wieder empfohlen worden. Jede Epoche hat sozusagen ihren Pfarrer Kneipp.

Die Abhärtung ist eine Anpassung an milde oder kräftige Reize, die wie leichte Stressoren wirken. Sie dient dem Zweck, die Anpassungsmechanismen des Körpers zu verbessern, wodurch es zu einer Steigerung der Widerstandskraft gegenüber Stressoren wie Infektionen, Kreislaufbelastungen usw. kommt. Wer dauernd kränkelt, sollte sich auf jeden Fall durch verschiedene Maßnahmen abzuhärten versuchen. Im weiteren Sinn gehören zu den Abhärtungsmitteln sowohl Bewegung wie Ernährung, im engeren Sinn Wasser- und Luftanwendungen.

Wie bei allen streßabbauenden Maßnahmen geht man auch bei der Abhärtung am Anfang lieber zu langsam als zu schnell vor. Und vor allem: man geht systematisch vor und achtet auf Regelmäßigkeit.

Abhärtung ist für Pfarrer Kneipp »die Hauptsache; wo diese fehlt, da fehlt auch die richtige Gesundheit und Kraft«. Wenn Sie mit dem Abhärten beginnen, sollten Sie auf jeden Fall auch »tautreten«. Auf einem Rasen am frühen Morgen ein, zwei Minuten lang barfuß laufen. Für Kinder mit dauernden Angina-Schüben ist dies besonders nützlich. Aber selbst indem Sie zu Hause auf dem Teppich, auf den Fliesen, auf dem Balkon oder auf der Terrasse barfuß laufen, können Sie sich ein wenig abhärten.

Den Streß wegbürsten

Zu den wirksamsten Abhärtungsmaßnahmen, die besonders für den Anfänger geeignet sind, zählt das Trockenbürsten. Es regt den Kreislauf an und führt durch seinen Abhärtungseffekt zu größerer Streßstabilität.

Man benötigt hierzu eine Naturborstenbürste oder einen Sisalmassagehandschuh. Im allgemeinen nimmt man die Bürstung morgens vor. Man beginnt mit dem rechten Bein und bürstet mit leicht kreisenden Bewegungen von den Zehen (erst die Fußsohle, dann den Fußrücken) zur Hüfte. Es folgt das linke Bein, der rechte Arm – die Bürste wird von den Fingerspitzen bis zur Schulter geführt –, der linke Arm. Anschließend werden Rücken (Stielbürste), Bauch und Brust behandelt, auch hier wird stets zum Herzen hin gebürstet. Beim Bauch beginnt man rechts unten und führt die Bewegung mit kleiner werdenden Kreisen im Uhrzeigersinn aus. Die weibliche Brust und die vordere Halsregion werden nicht gebürstet.

Kunststoffbürsten sind härter und in der Regel für Unempfindliche geeignet. Zwischen Nylon- und Naturborstenbürsten stehen hinsichtlich ihrer Reizwirkung die Gummibürsten. Selbstverständlich kann man auch naß mit kaltem Wasser bürsten. Je mehr Fett unter der Haut sitzt, desto stärker muß der Druck sein, den man beim Bürsten ausübt. Wenn sich die Haut rötet, hatte die Bürstenmassage den richtigen Erfolg. Kratzspuren dürfen nicht entstehen. In vier bis sechs Minuten ist die Prozedur beendet.

Kneippen im Badezimmer

In jedem Badezimmer kann eine erfolgreiche Kneippkur durchgeführt werden:

1 Der Körper muß zu Beginn warm sein. Ist er es nicht, so bewegen Sie sich, bis Sie warm werden. Oder Sie bürsten sich warm. Wenn Sie kalte Füße haben, nehmen Sie zuerst ein warmes Fußbad.

2 Morgens lassen Sie nur kurze Kaltwasserreize auf sich wirken, beispielsweise waschen Sie nur den Oberkörper mit kaltem Wasser kurz nach.

3 Oder nehmen Sie morgens eine kalte Ganzwaschung mit anschließendem Trockendämpfen im Bett vor.

4 Wenn Sie am Morgen kalt duschen, tun Sie es nur sehr kurz.

5 Wertvoller als morgendliches kaltes Duschen sind meistens Güsse (Wechsel- oder kalte Güsse) mit dem Duschschlauch (Duschkopf von der Handbrause abschrauben). Am Anfang stehen kalte Kniegüsse für etwa 20–30 Sekunden, von denen Menschen mit Krampfadern und Kreislaufbeschwerden besonderen Nutzen haben. Später kann man die Güsse auf die Oberschenkel ausdehnen.

6 Wechselbäder haben sich bei Durchblutungsstörungen der Herzkranzgefäße gut bewährt.

7 Wassertreten in der Badewanne, knöchel- bis wadentief, bei 10–15 Grad Celsius und 30–50 Sekunden lang, wirkt besonders gut bei Krampfaderleiden, Einschlafstörungen, Kreislaufbeschwerden und Nervosität. Sie können es auch sofort nach der Rückkehr von der Arbeit durchführen.

8 Nach jedem warmen oder heißen Bad ist ein aktivierender kalter Abguß mit dem Duschschlauch notwendig. Eine Nachruhe im Bett verstärkt die Wirkung.

9 Badezusätze können medizinische und streßausgleichende Wirkungen entfalten: Fichtennadelextrakt bei Nervosität und Schlafstörungen u. a.; Haferstroh, Heublumen bei rheumatischen Erkrankungen; Hopfen, Baldrian bei Nervosität und Schlafstörungen; Rosmarin bei Überanstrengung, Kreislaufbeschwerden u. a.

10 Ein heißes Bad von 38–39 Grad beruhigt, jedoch ein zu heißes Bad regt manchmal an. Auf keinen Fall den nachfolgenden kurzen kalten Abguß vergessen.

11 Je kälter das Wasser bei den Anwendungen ist, desto mehr wird der Kreislauf angeregt. Es hat sich bewährt, mehrmals zwischen heiß und kalt zu wechseln (Wechselduschen, -güsse).

Die Nackengegend wird bei kalten Wasseranwendungen am besten ausgespart, da es dort – vor allem bei Büroarbeitern – häufig zu Verspannungen kommt.

Andere Abhärtungsmaßnahmen

1 Bei der Sauna wird der Abhärtungseffekt durch den Wechsel zwischen dem trockenen Heißluftbad, dessen Temperatur bis zu 100 Grad betragen darf, und dem anschließenden kalten Abduschen oder Baden erzielt. Sau-

nieren entspannt und beruhigt vorzüglich. »In der Sauna verraucht der Zorn«, sagen die Finnen.

2 Auch Luftbäder im Halbschatten sind bei vorsichtiger Dosierung ein gutes Mittel zur Abhärtung. Die Widerstandsfähigkeit des Organismus gegen Krankheiten steigt.

3 Höhensonne kann ebenso wirken. Von Bergarbeitern, die systematisch Ultraviolett-Bestrahlungen erhielten, wurden bei einer Erkältungsepidemie nur 3,5 Prozent krank, im Gegensatz zu 10,3 Prozent Ausfall bei den nicht Bestrahlten. Aber gerade hier ist zu warnen: Jede Überdosierung ist schädlich. Die Haut wird alt, und bei empfindlicher Haut kann sich später Hautkrebs bilden. Bei vorsichtiger Bestrahlung dagegen werden unter anderem vegetatives Nervensystem und Kreislauf günstig beeinflußt.

4 Massage kann zur Entkrampfung beitragen und somit Streßreaktionen abbauen helfen.

5 Zu den Abhärtungsmaßnahmen zählt auch die Stärkung der Widerstandskraft durch Vertrauen in den eigenen Lebensweg, durch positive Vorsätze, Beten, Lachen, tiefes Atmen, abwechslungs- und vitaminreiche Frischkost und vieles andere mehr.

Anti-Streß-Programm für einen Arbeitstag

1 Stehen Sie so früh auf, daß Sie sich in Ruhe auf den Tag vorbereiten können. Waschen Sie sich von den Zehen bis zum Kopf kalt ab. Morgengymnastik wie angegeben.

2 Vergessen Sie beim Frühstück nicht das tierische Eiweiß (Magerquark, -milch oder -käse, Magerschinken).

3 Wenn Sie Autofahrer sind, fahren Sie rechtzeitig zur Arbeit ab, fahren Sie defensiv und singen oder pfeifen oder summen Sie während der Fahrt. Retten Sie die gute Laune über den Arbeitstag hinweg.

4 Wenn möglich, gehen Sie zu Fuß zur Arbeit, selbst kilometerweit. Dabei kann man eine Minute lang zügig gehen – ähnlich den marschierenden Soldaten mit weitausladenden Armbewegungen; dadurch wird das Im-

munsystem nachweisbar angeregt. Verstärkt wird dieser Effekt noch, wenn man sich gleichzeitig im Rhythmus des Gehens Vorsätze gibt wie »Ich bin jung und gesund, voller Schwung« o. ä.

5 Nutzen Sie die Pausen während der Arbeitszeit für Bewegung oder Autogenes Trainieren aus.

6 Verrichten Sie kleine Gänge in Ihrer Dienststelle selbst, meiden Sie Fahrstühle, wo Sie nur können.

7 Denken Sie an das zweite Frühstück – Sie erinnern sich: die gleiche Kalorienmenge auf vier, besser fünf Mahlzeiten verteilen.

8 Falls Sie sich morgens gegen elf Uhr müde fühlen, eine Minute lang Bewegungsübungen zur Anregung machen (Übungen mit dem Baligerät, Kniebeugen, Treppensteigen usw.)

9 Nehmen Sie zum Mittagessen Kräuter mit (Petersilie, Dill o. a.). Auf belegten Broten sollten neben dem Aufschnitt Salatblätter und Kräuter nicht fehlen.

10 Wenn Sie vormittags gestreßt wurden, tun Sie gut daran, sich in der Mittagspause körperlich zu betätigen. Wenn Sie Streß erwarten, sollten Sie vielleicht das Autogene Training mit seinen formelhaften Vorsätzen vorziehen.

11 Wer sich nach dem Essen bewegt oder autogen trainiert hat, ist »wach« geworden, angeregt, so daß er unter Umständen auf seinen gewohnten Tee oder Kaffee verzichten oder diese Getränke auch zu einer späteren, besser zum Tagesrhythmus passenden Zeit einnehmen kann.

12 Wenn Sie »nervös« sind, sollten Sie Bohnenkaffee lieber meiden und evtl. Tee oder koffeinfreien Kaffee vorziehen. Meist ist aber ein »Gesundheitstee«, beispielsweise Pfefferminztee, mit Honig und Zitrone angebrachter.

13 Zum Nachmittagskaffee Obst oder fettarmen Kuchen essen, Joghurt oder ein Milchmixgetränk – nur: stets an die Kalorien denken.

14 Wenn Sie nach Beendigung der Arbeit noch einkaufen oder etwas anderes erledigen müssen, gehen Sie genau nach Plan vor: Das spart Nerven und hält negativen Streß in Grenzen.

15 Trainieren Sie vor dem Abendessen autogen oder bewegen Sie sich etwas, der Magen dankt es Ihnen.

16 Essen Sie abends nicht zu spät und nicht zuviel.

17 Verbringen Sie den Abend erholsam; nicht den Beruf mit nach Hause nehmen. Oft ist es besser, abends im Büro etwas länger zu arbeiten, als zu Hause geschäftliche Arbeiten zu verrichten.

18 Die Pläne für den nächsten Tag mit der Familie kurz durchsprechen – Familienkonferenz, falls Sie, Ihr Partner oder Ihre Kinder sie für nötig halten.

19 Gehen Sie rechtzeitig schlafen, lesen Sie sich müde oder trainieren Sie autogen. Auf keinen Fall im Bett Probleme wälzen – alle belastenden Gedanken jetzt von sich weisen.

5. Bestmögliche Nutzung von Freizeit und Urlaub

Der Weg zur 40-Stunden-Woche war weit. Mußezeit war dem einfachen Volk früher praktisch unbekannt. Sind wir dank der vielen freien Zeit, über die wir heute verfügen, gesünder geworden? Wohl kaum. Das liegt nicht etwa daran, daß der Mensch sich verändert hätte oder daß er anfälliger geworden wäre, vielmehr setzt er seine Freizeit häufig nicht richtig ein.

Richtiges Freizeitverhalten muß man lernen, im Elternhaus und in der Schule. Gerade weil so viele Menschen es nicht gelernt haben, ist der Krankenstand so hoch.

Die Mehrzahl der Menschen verhält sich in der Regel freizeit- und damit auch gesundheitswidrig und streßt sich selbst, und das, obwohl Freizeitforscher ganz klar nachweisen konnten: es ginge uns allen viel besser, wenn wir freizeitbewußter lebten.

Individuell die Freizeit gestalten

Das Wort Freizeitgestaltung sollte immer bedeuten, daß sich jeder seine Freizeit selbst gestaltet. Das fällt nicht schwer, wenn man einige Regeln beachtet.

Es fängt schon damit an, daß wir auch in unserer Mußezeit bestimmte Aufgaben zu erfüllen haben, beispielsweise für die Familie, im Haushalt etc. Man sollte sie rechtzeitig einplanen, damit sie nicht zur Last, zum Streß, werden. Denn gerade derartige Pflichten sind für viele eine Belastung. Ein planmäßiges Vorgehen jedoch nimmt ihnen den krankmachenden Stachel, und hat man sie dann absolviert, kann man sich selbst belohnen, indem man sich um so intensiver seinem Hobby widmet.

Zu den Pflichtaufgaben der Freizeit gehört für zahlreiche Menschen die berufliche Fortbildung. Aber unter ihr sollte natürlich nicht das Familienleben leiden. Manchmal ist das Problem nicht die berufliche Fortbildung, sondern eine Arbeitsneurose.

In seiner Freizeit muß man etwas für seine Gesundheit tun. Das sieht naturgemäß für jeden von uns anders aus. Wer während der Arbeit stark gestreßt wird und körperlich nicht tätig ist, sollte sich am Feierabend auf jeden Fall bewegen. Ob er sich einer Gymnastikgruppe anschließt, abends Tischtennis spielt oder im Wohnzimmer auf der Stelle läuft, spielt keine Rolle.

Wichtig ist nur, daß man sich bewegt und daß danach die gewünschte Entspannung eintritt. Oder man macht es wie ein bekannter Unternehmer: Jeden Morgen und jeden Abend – bei jedem Wetter – geht er die 5,6 Kilometer zwischen seiner Wohnung und der Arbeitsstätte zu Fuß, 11,2 Kilometer pro Tag. An seinem 80. Geburtstag praktizierte er das ebenso wie an jedem anderen Tag.

Was man darüber hinaus noch tut, muß man natürlich selbst entscheiden. Schachspielen zum Beispiel ist eine gesunde Anstrengung, weil man es freiwillig tut. Wer jedoch ungern verliert, sollte das bei der Auswahl seiner Partner berücksichtigen.

Familienspiele können ungemein unterhaltsam sein und besonders für Kinder zum Höhepunkt des Tages werden (Karten- und Brettspiele aller Art, Tischkegeln etc.).

Schon früh sollte man sich um ein Hobby bemühen. Die Eltern sollten die Entwicklung von Steckenpferden bei ihren Kindern unter allen Umständen fördern: Wer im späteren Leben nichts hat, was er als Ausgleich zur Arbeit besonders gern tut, kann leicht ein Spielball seiner Stressoren werden. Menschen ohne Hobby neigen auch eher dazu, medikamenten-, nikotin- oder alkoholabhängig zu werden oder andere Suchtstoffe zu nehmen. Wer nichts hat zum Lieben, hat dann auch wenig zum Leben.

Hobbys machen einen Menschen erst zum Individuum. Malen, Kneten, Schreinern – man muß es früh lernen, um im Erwachsenenalter wirklich Freude daran zu haben. Das Sammeln von Briefmarken, Steinen, Münzen, Schmetterlingen, Pflanzen, Buch-Erstausgaben, Antiquitäten usw. kann einen Streßgeplagten wieder zur Konzentration und damit zum Streßabbau führen.

Möglichkeiten zur Selbstentfaltung

Selbständige und Topmanager arbeiten oft zwölf bis 16 Stunden am Tag und werden im allgemeinen dennoch wesentlich weniger gestreßt als Menschen, die ihre Acht-Stunden-Arbeit als Belastung oder nur als Broterwerb ansehen.

Wer sich zu Höherem berufen fühlt, sich aber nie so richtig entfalten konnte, gründet am besten einen Klub, dessen Präsident oder Vorsitzender er werden sollte. Meist sind auch noch andere wohlklingende Titel und Posten zu verteilen. Vom psychohygienischen Standpunkt betrachtet, haben solche Klubs – zum Beispiel Kegel-, Schieß-, Schach-, Sportklubs oder -vereine der verschiedensten Art –, die man übrigens im Ausland mindestens ebenso häufig findet wie bei uns, durchaus ihren gesundheitlichen Wert. Und sie haben auch einen hohen Freizeitwert.

Das gleiche gilt für ehrenamtliche Tätigkeit bei karitativen Organisationen; sie ist nicht nur für die Gesellschaft heilsam, sondern auch für den, der sie ausübt – ein psychohygienisch stabilisierender Faktor.

Sich um den Hilflosen oder Kranken, den Alten oder Einsamen kümmern ist für viele eine solche Genugtuung, daß ihre Gesundheit dadurch gefördert wird.

Die Freizeit ist heute nahezu das einzige Gebiet, auf dem wir nicht nur selber planen dürfen, sondern sogar planen müssen, wenn wir zu uns selbst kommen wollen. Dazu ist es allerdings nötig, daß wir die übliche Konsumenteneinstellung aufgeben.

Auf die Frage, wie sie ihre Freizeit verbringen, antworten die meisten, nämlich 64 Prozent: mit Fernsehen. Eine Selbstentfaltung kann durch intensives Fernsehen allerdings kaum erfolgen, und die Gesundheit wird sicherlich auch nicht verbessert oder stabilisiert, wenn man mehrere Stunden am Tag in die Röhre starrt.

Sucht man sich dagegen nur ganz bestimmte Sendungen aus, so kann man damit die Fernsehstunden zu einem Höhepunkt des Tages machen.

Wer am Tage gestreßt wurde, wird am besten vor – oder während – einer Fernsehsendung sein Pensum an Bewegungsübungen absolvieren, denn auf den Tagesstreß direkt den Abendstreß eines Fußballänderspiels folgen zu lassen, ist bestimmt nicht das Richtige.

Der medizinische Sinn der Freizeit ist die Entspannung. Die Aufgabe des Urlaubs ist die Erholung.

Urlaub – unsere große Chance

Trotz der mindestens 130 Tage, die die meisten Arbeitnehmer im Jahr frei haben, tritt die Berufsunfähigkeit bei Arbeitern im Durchschnitt heute mit 55 Jahren ein, bei den Angestellten mit etwa 58 Jahren, also auch nicht sehr viel später.

Und das trotz aller medizinischen Erfolge der letzten 100 Jahre, trotz des allgemeinen Altersanstieges.

Unsere Gesundheit ist heute mehr gefährdet denn je – durch uns selbst. Wer sie in seiner Freizeit nicht stabilisiert, wird bald urlaubsreif. Und wenn dann auch noch der Urlaub falsch verbracht wird, können aufgetretene psychovegetative Störungen nur schwer behoben werden. Nach vielen Jahren falscher Lebensplanung kommt es schließlich zu funktionellen Organerkrankungen. Herz-Kreislauf-Störungen sind hierbei am häufigsten, aber auch die Haut, das Gehirn, die Sexualorgane oder der Atmungs- und Verdauungstrakt können betroffen werden.

Wenn man urlaubsreif ist, treten folgende Symptome besonders häufig auf: Schlafstörungen, Nervosität (vegetative Dystonie), Herzjagen oder hohe Pulszahl, die nachts etwas geringer wird. Konzentrationsschwäche, dauernde Müdigkeit, vermehrte Schweißbildung an den Handinnenflächen und in den Achselhöhlen.

Wer dann nicht radikal etwas unternimmt und in seiner Freizeit den Streß abzubauen versucht, riskiert zwar nicht sein Leben, aber er läuft Gefahr, den letzten Rest seines Wohlbefindens einzubüßen. Der Urlaub ist besonders geeignet zur Neugestaltung des Lebens.

Hier einige allgemeine Hinweise, wie man am besten erreicht, daß der Urlaub wirkliche Erholung von einem streßreichen Leben bringt.

Das große Ziel: Der Erholungseffekt

1 Ein Jahresurlaub sollte mindestens drei volle Wochen dauern. Wenn Sie nur zwei Wochen Urlaub machen, hat der Körper nicht genügend Zeit, sich umzustellen. Das vegetative Nervensystem braucht für diese Umstellung in der Regel volle drei Wochen.

2 Sie müssen sich rechtzeitig darüber klar werden, was für ein Urlaub für Sie und Ihre Familie am besten ist: ein Erholungs-, Bildungs-, Kur-, Arbeits-, Reise- oder Erlebnisurlaub. Manchmal kann man seine Situation selbst schlecht beurteilen, der Partner sieht sie vielleicht anders und besser.

3 Wenn Sie sich nicht gesund fühlen oder wenn Sie bereits in ärztlicher Behandlung sind, besprechen Sie am besten mit Ihrem Arzt, wohin Sie im Urlaub fahren können und was Sie dort alles tun oder nicht tun dürfen. Das ist vor allem wichtig, wenn Sie den Urlaub in einem Reizklima (Hochgebirge, Nordsee) verbringen wollen.

4 Wer aus Küstengegenden kommt, hat oft mehr vom Urlaub, wenn er ihn nicht gerade im Hochsommer nimmt; denn mit schwülen und heißen Tagen wird er manchmal nicht so gut fertig wie der Binnenländer. Reizbarkeit und Schlaflosigkeit sind dann deutliche Warnzeichen. Das gilt insbesondere für ältere und vorgeschädigte Menschen.

5 Wer im Winter in den Süden fährt, erwartet von seinem Körper eine Anpassungsfähigkeit, die er häufig nicht so ohne weiteres besitzt, vor allem mit zunehmendem Alter nicht mehr. Die Folge sind Erkältungskrankheiten und andere Leiden. Bewegung und Abhärtung vor dem Urlaub können diesen Anpassungsstreß auffangen.

6 Wer in tropische Länder fährt, muß sich vorher bei der Reiseleitung oder beim Hausarzt erkundigen, ob Malariatabletten zu nehmen sind und welche Impfungen und anderen medizinischen Prophylaxen in Frage kommen.

7 Wenn Sie mit Ihrem Wagen Marathonfahrten unternehmen wollen, überlegen Sie sich vorher, ob Sie jung genug sind, um solche Kilometerfresserei ohne Schaden zu überstehen. Genügend viele Bewegungspausen sind dann unerläßlich, sonst ergeht es Ihnen wie kürzlich einem Spanienfahrer, der am Steuer seines Wagens zusammenbrach und geistig verwirrt in ein Krankenhaus eingeliefert wurde. Kleinkinder mögen Dauerfahrten gar nicht, so daß die Eltern doppelt belastet werden.

8 In einem Urlaub werden drei negative Phasen durchlaufen. Sie sollten sie schon bei der Planung berücksichtigen· Etwa drei Stunden nach der Ankunft am Urlaubsort kommt es zu sogenannten Sofort- oder Anpassungsreaktionen, die sich in allgemeiner Nervosität äußern. Diese Phase, in der man unfallgefährdeter ist als sonst, kann bis zum nächsten Tag andauern. Es ist also möglich, daß Sie in der ersten Nacht schlecht schlafen. Nehmen Sie daher gleich nach der Ankunft ein heißes Bad oder eine heiße Dusche, ruhen Sie sich anschließend aus und bummeln Sie erst dann durch die Umgebung. Am dritten Tag läßt sich wiederum eine negative Phase nachweisen, Sie fühlen sich nicht recht wohl und klagen über dieses und jenes. Auch hier ist Vorsicht vor allzu strapazierender Betätigung geboten. Eine weitere negative Phase der Anpassung setzt am Ende der dritten Woche, etwa um den 20. Tag, ein. Jetzt endlich stellt sich der Körper – insbesondere das vegetative Nervensystem – auf die gewünschte Erholungsphase um.

9 Sie erholen sich nicht, wenn Sie während der ganzen drei oder vier Wochen faulenzen. Ein gewisser Grad an sportlicher Aktivität ist erforderlich; er hängt vom Beruf und vom jeweiligen Trainingszustand ab. Tanzen kann fehlenden Sport ersetzen; nicht zuletzt deswegen geben neuerdings einige Krankenkassen ihren Mitgliedern einen Zuschuß für Tanzkurse.

10 Wichtig ist, daß Sie langsam beginnen und die Leistungen dann systematisch steigern. Das kann alles ungezwungen und gleichsam spielend geschehen, wie es im Kapitel über körperliche Bewegung beschrieben wurde. Ihre Leistungen richten sich nicht nach denen der Nachbarn oder Miturlauber, sondern einzig und allein nach Ihren eigenen Fähigkeiten.

11 Seien Sie maßvoll im Essen und Trinken. Maßhalten ist das A und O im Urlaub. »Nichts im Übermaß« hieß die zweite Empfehlung in Delphi.

12 Einen Fehler begehen Sie, wenn Sie nach dem Urlaub wieder in Ihren alten Trott verfallen, anstatt sich weiterhin um ein streßarmes Leben zu bemühen. Und stürzen Sie sich auch nicht mit solcher Vehemenz wieder in die Arbeit, daß Sie nach wenigen Wochen erneut »kaputt« sind. Hier sollte die Ehefrau eingreifen und ihren Mann zum Maßhalten bewegen.

Anti-Streß-Training im Kurlaub

Während man früher Kuren zur Festigung der Gesundheit in eigens dafür bestimmten Badeorten machte, lassen sie sich heute, sofern ihr Ziel ein Training des Kreislaufs ist, in anderer Form auch andernorts – etwa in geeigneten Hotels – durchführen. Sie sind dann oft keine Kuren im strengen Sinn, sondern eher Trimm-dich-fit-Programme und zur Streßbekämpfung bestens geeignet.

Vorwiegend im deutschsprachigen Raum gibt es zahllose Sporthotels: Häuser mit Hallenbad, Sauna, Solarium und Massageräumen. Über ähnliche Einrichtungen verfügen aber auch viele andere Hotels. In ihnen kann sich der streßgeschädigte Zeitgenosse wieder richtig fit trimmen – sofern er vorsichtig zu Werke geht. Andernfalls kann er auch im Wartezimmer eines Arztes landen. Vorsicht ist also vor allem dann geboten, wenn man ohne ärztliche Betreuung kurlaubt.

Im allgemeinen sind »wilde Kuren« aber nur für Gesunde und Robuste zu empfehlen. Wer vorgeschädigt ist und wer die 40 überschritten hat, tut gut daran, unter ärztlicher Aufsicht zu kuren. Es gibt neuerdings einige mit modernsten Einrichtungen ausgerüstete Sanatorien, die jedem Kurlauber einen individuellen Kurlaubsplan aufstellen. Wer gesundheitsbewußt ist, wird den anfänglichen Streß des Trainierens auf sich nehmen und bald spüren, wie gut es ihm tut. Derartige Häuser sind sehr zu empfehlen. Man wird dort auch gesundheitserzieherisch unterwiesen und vor allem motiviert, so daß man sein Programm auch zu Hause fortsetzt.

Wer sich gewissenhaft an seinen Kurlaubsplan hält, dem kann Streß nur noch wenig anhaben.

Der Arzt wird sagen, wo ein solcher Kurlaub ratsam ist und ob er von einem Versicherungsträger oder von der Krankenkasse übernommen wird.

Heute werben zahlreiche Länder um (K)Urlauber: u. a. Bulgarien, Griechenland, Italien, Jugoslawien, Österreich, Rumänien, die Schweiz, Spanien (dort auch Mallorca und die Kanarischen Inseln), die Tschechoslowakei und Ungarn. Wem der Arzt dazu rät, der kann zu geriatrischen (»Verjüngungs«-)Kuren fahren. Aber jeder sollte sich darüber im klaren sein, daß das beste Verjüngungsmittel ein aktives und sportliches Leben ist.

Das Wichtigste an einer Kur und einem Kurlaub ist, daß die Patienten veranlaßt werden, das Erlernte auch noch zu Hause anzuwenden.

6. Spezialprogramme

... für Autofahrer

Autofahren ist immer ein mehr oder minder großer Streß. Was müssen Sie beachten, damit der Streß sich bei Ihnen in Grenzen hält?

Vor der Fahrt:

1 Stets ausreichend Zeit vorsehen.
2 Wenn nötig, vorher genügend schlafen. Ausgeruht an den Start gehen.
3 Kurz zuvor nicht zuviel und nicht zu fett essen.
4 Keinen Alkohol trinken.
5 Vorsicht vor bestimmten Medikamenten, die auch ohne zusätzlichen Alkohol gefährlich werden können:
a) Schlaf-, Narkose- und Beruhigungsmittel
b) Psychopharmaka
c) Arzneien gegen Epilepsie
d) Mittel gegen Allergie und Reisekrankheit
e) Anregungsmittel
f) Muskelentspannungsmittel
g) Mittel zur Senkung des Blutdrucks
6 Wenn Sie nicht genau wissen, ob Ihre Medikamente Sie beim Autofahren stören können, fragen Sie Ihren Arzt.
7 Stets gemischte Trockenfrüchte und Kaugummi vorrätig haben, vor allem aber frisches Obst und Mineralwasser.
8 Für längere Fahrten: Ziehen Sie auf jeden Fall vorher bequeme Kleidung und Schuhe an.
9 Brille und Sonnenbrille parat halten.
10 Hat Ihr Sitz die für Sie richtige Stellung?
11 Ist die Straßenkarte erreichbar?
12 Regenkleidung und Handschuhe für den Fall von Reparaturen bereitlegen.

Während längerer Fahrten ist zu beachten:

1 Alle 200 km eine Pause einlegen, dann Kreislauf durch Bewegung anregen.

2 Bevor man müde wird, Kaugummi kauen.
3 Bei Appetit etwas Obst essen, damit der Blutzuckerspiegel nicht absinkt.
4 Bei großer Müdigkeit kurz schlafen; Terminaufwachen durch Autogenes Training und Vorsatzbildung.
5 Tee und Kaffee halten nur für kurze Zeit wach. Vorsicht, die Müdigkeit kann danach plötzlich und unerwartet einsetzen und viel stärker sein als zuvor.
6 Falls Medikamente genommen werden, regelmäßig und zeitgerecht einnehmen.
7 Wenn Sie tatsächlich einmal in größere Autoschlangen geraten, machen Sie Ihrem Streß durch isometrische Übungen (Muskeln an- und entspannen), Singen oder Fluchen Luft, oder sammeln Sie Kraft durch Singen, Witze erzählen, Lachen, Spiele usw.

... für Fernsehzuschauer

Die Amerikaner verbringen – wie eine Untersuchung ergeben hat – etwa zehn Jahre ihres Lebens vor dem Fernseher. Bei uns dürfte es kaum anders aussehen. Zehn Jahre vor dem Bildschirm und etwa 20 Jahre im Büro stillsitzen, dazu circa 25 Jahre schlafen – für Bewegung bleibt dann nicht mehr viel Zeit übrig. Fernsehen kann zum Streß werden oder aber eine wunderbare Sache sein – je nachdem wie hoch die »Dosis« ist. Daher seien einige Ratschläge für diejenigen angeführt, die zu einer Überdosierung neigen.

1 Wählen Sie für sich und Ihre Kinder (und mit ihnen) nur wirklich interessierende Sendungen aus, und bleiben Sie konsequent: Wenn die Sendung beendet ist, ausschalten.
2 Wenn Sie tatsächlich einmal zwei stundenlange Sendungen hintereinander sehen, legen Sie eine Bewegungspause ein; für Ihre Kinder gilt das noch mehr. Es genügt nicht, wenn man sich nur ein wenig die Beine vertritt. Etwa zwei bis fünf Minuten auf der Stelle laufen hat sich bewährt.
3 Besprechen Sie nach einer Sendung mit Ihrem Partner, was Sie eben gesehen haben; tun Sie dies auch mit den

Kindern: mit kleinen Kindern, um Spannungen abzubauen, mit größeren, damit sie lernen, sich selbst eine Meinung zu bilden.

4 Naschen Sie beim Fernsehen nicht und essen Sie auf keinen Fall Ihr Abendbrot dabei: Der Magen macht nur widerwillig mit.

5 Lassen Sie im Zimmer eine Lampe brennen: Sie schonen Ihre Augen.

6 Der Abstand zum Fernseher sollte etwa fünfmal größer sein als die Diagonale der Mattscheibe.

7 Das Bild soll sich ungefähr in Augenhöhe befinden.

8 Augen auch einmal in die Ferne schweifen lassen.

9 Je spannender eine Sendung war, desto ratsamer ist es, sich vor dem Schlafengehen oder gleich nach der Sendung so lange zu bewegen, bis man ein wenig schwitzt oder warm wird (Entstressung).

... für Menschen mit hohem Blutdruck

Wenn Sie angespannt sind und unter Streß stehen, steigt Ihr Blutdruck an. Können Sie sich anschließend nicht wieder entspannen und stehen Sie immer »unter Druck«, so laufen Sie Gefahr, mit der Zeit einen ständig erhöhten Blutdruck zu entwickeln. Daß bei der Entstehung des Hochdrucks noch andere Faktoren mitwirken, ist klar. Vor allem hoher Salzverbrauch und Übergewicht spielen hierbei eine Rolle.

1 Lassen Sie Ihren Blutdruck regelmäßig kontrollieren; ein Hochdruck ist die Vorstufe von Herzinfarkt, Schlaganfall und anderen Krankheiten.

2 Besprechen Sie sich mit Ihrem Arzt; im allgemeinen muß ein hoher Blutdruck lebenslang behandelt werden. Nehmen Sie den Hochdruck ernst, auch wenn Sie keine Beschwerden haben. Wenn Sie Medikamente nehmen müssen, achten Sie auf regelmäßige Einnahme.

3 Seien Sie sehr zurückhaltend beim Verzehr von salzreichen Nahrungsmitteln wie Wurst, Brot, Käse, Schinken, Sauerkraut etc. Ihr Arzt sagt Ihnen, inwieweit Sie Ihren Kochsalzverbrauch einschränken müssen. Manchmal

normalisiert sich der Blutdruck schon, wenn man generell wenig ißt, weil man damit meist auch wenig Kochsalz aufnimmt. Viel Gemüse essen.

4 Bewegen Sie sich täglich und regelmäßig. Ihr Arzt kann Ihnen raten, wie stark Sie sich belasten dürfen. Empfehlenswert ist, am Tage zweimal etwa jeweils 15–30 Minuten lang zügig zu gehen.

5 Nichts einzuwenden ist gegen den Genuß von Tee oder Kaffee – solange er sich in Grenzen hält. Von Fachleuten wird empfohlen, täglich etwa einen Liter kalzium- und magnesiumreiches Mineralwasser zu trinken. Der behandelnde Arzt wird Ihnen geeignete Produkte nennen können, die es auch im Supermarkt gibt.

6 Rauchen ist in jedem Falle schädlich. Vielleicht können Sie es drastisch einschränken oder besser ganz aufgeben.

7 Streben Sie nach Ausgeglichenheit sowohl im psychischen (Psychohygiene-Training, Yoga, AT, Meditation, Beten usw.) wie im körperlichen Bereich (regelmäßige Bewegung, ausreichender Schlaf, fünf Mahlzeiten täglich und stets sehr kalorienbewußt sein).

8 Pro Tag nur ein Gramm Fett pro Kilogramm Körpergewicht zu verzehren ist gerade für diesen Personenkreis wünschenswert. Das Verhältnis von ein Drittel gesättigten, ein Drittel einfach ungesättigten und ein Drittel mehrfach ungesättigten Fettsäuren sollte nach Möglichkeit berücksichtigt werden. Zwei- bis dreimal pro Woche Fisch aus kalten Gewässern essen.

9 Würzen Sie reichlich mit Zwiebeln (Wissenschaftler empfehlen 600 g pro Woche); ob gekocht, gedünstet, gebraten, roh – die therapeutische Wirkung bleibt erhalten; verwenden Sie Knoblauch, Kräuter, und essen Sie nach Möglichkeit zu jeder Mahlzeit etwas Rohkost, beispielsweise morgens eine halbe Apfelsine, mittags Paprikasalat mit Oliven(öl) und Zwiebeln und abends Blattsalat. Als Zwischenmahlzeit bietet sich Joghurt mit frischem Obst oder ein Milchmixgetränk mit frischen Früchten an, das allerdings dann sofort getrunken werden muß, weil sonst viele Vitamine verlorengehen.

10 Auch für Hochdruck-Patienten gibt es Selbsthilfegruppen und entsprechende Zeitschriften.

... für Herzinfarktgefährdete

Arteriosklerose und ihre schwerwiegende Komplikation, der Herzinfarkt, sind Streßkrankheiten ersten Ranges. Doch Herzinfarkt ist kein Schicksal:

1 Den Blutdruck regelmäßig kontrollieren lassen. Einen Blutdruck, der über 140/90 beträgt, auf Lebenszeit ärztlich behandeln oder überwachen lassen.
2 Rauchen verschlechtert die Prognose deutlich.
3 Das persönliche Wunschgewicht anstreben.
4 Die Blutfettwerte in regelmäßigen Abständen vom Arzt kontrollieren lassen.
5 Falls Sie die Anlage zu Gicht, Diabetes oder Unterfunktion der Schilddrüse haben, sind jährlich Kontrollen erforderlich.
6 Nach psychischem Gleichgewicht streben, nach positiver Einstellung zum Leben, nach Wertschätzung des Augenblicks u. ä.
7 Ausreichend schlafen, den Tagesablauf durch kurze Pausen auflockern.
8 Fettarm essen; auf versteckte Fette in Wurst, Käse, Kuchen usw. achten. Im übrigen gelten auch hier die Hinweise wie unter Punkt 8 »... für Menschen mit hohem Blutdruck« angegeben. Viel Obst/Gemüse essen.
9 Durch Bewegung einmal täglich den Puls für etwa zehn Minuten auf eine Höhe von 180 weniger Lebensjahre bringen – dieser Ratschlag gilt für Herzgesunde. Ein Herzinfarktgefährdeter muß natürlich vorher mit seinem Arzt besprechen, ob für ihn nicht (auch) eine Koronarsport-Selbsthilfegruppe in Frage kommt.
10 Als Vorsätze kommen in Betracht:
»Ich bin vollkommen ruhig und gelassen.«
»Ich akzeptiere mich und die anderen.«
»Ich bin ganz Liebe und Freude.«
»Ich liebe und vergebe« usw.

... für Magen-Darm-Kranke

Bei vielen Erkrankungen des Leibraumes ist Streß ein deutlich nachweisbarer begünstigender Faktor. Aus Selyes Untersuchungen ergab sich: Streß bei Tieren führt unmittelbar zu Magen-Darm-Geschwüren. Freilich verläuft der Vorgang beim Menschen komplizierter – dennoch, auch bei ihm zeigt sich eindeutig: psychische Streßfaktoren begünstigen die Entstehung von Magen-Darm-Geschwüren.

1 Entspannung und Harmonisierung durch Autogenes Training und PT haben schon vielen Magen-Darm-Kranken geholfen. Das psychische Gleichgewicht muß nicht nur als Ziel anerkannt, es muß tief im Unbewußten verankert werden. Leistungsstreben und -druck sollten durch Beschäftigung mit meditativen Methoden auf ein vernünftiges Maß zurückgedrängt werden.

2 Nikotin ist ein Gefäßgift. Also das Rauchen einstellen.

3 Jede Krankheit ist ein Notruf, die Situation, in der man steckt, zu überdenken. Entstressen Sie Ihren Tageslauf, machen Sie Pausen, schlafen Sie ausgiebig.

4 Bauen Sie körperliches Training in Ihren Tageslauf ein. Vielleicht haben Sie dann den gleichen Erfolg wie eine hessische Gemeindeschwester, deren jahrelang bestehendes Magengeschwür sich sofort verlor, als sie begann, regelmäßig Dauerläufe über fünf und zehn Kilometer zu machen. Sie können diesen Effekt u. U. auch mit Hilfe unseres Bewegungsprogramms erzielen.

5 Besondere Diätformen werden im allgemeinen bei Magengeschwüren kaum mehr empfohlen. Lassen Sie Nahrungsmittel, gegen die Sie einen Widerwillen haben, und blähende Speisen weg, und verzichten Sie auf konzentrierten Alkohol. Nehmen Sie regelmäßig kleine und knappe Mahlzeiten ein.

6 Dic Zwerchfellatmung bringt Beruhigung.

7 Folgende Vorsätze haben sich bewährt:
»Ich bin zufrieden; alles ist gut.«
»Ich fühle mich ganz wohl in meiner Haut.«
»Ich bleibe vollkommen ruhig und gelassen.«

Wie gewöhne ich mir das Rauchen ab?

Rauchen ist ein heimtückischer Streß. Schon durch eine einzige Zigarette wird Fett aus den Fettdepots freigesetzt: Der Körper empfindet aufgrund seiner in Vorzeiten angelegten Reaktion den inhalierten Rauch als Bedrohung und mobilisiert Kräfte für eine Muskelbetätigung. Da die Fette (Fettsäuren) nicht benutzt, d. h. nicht verbrannt werden, bleiben sie im Blut und werden später irgendwo abgelagert.

Professor Gotthard Schettler aus Heidelberg, einer der besten Arteriosklerose-Experten, vermutet, daß dieser Vorgang als Risikofaktor für diese Krankheit anzusehen ist. Daß Rauchen auch den Blutzuckerspiegel erhöhen kann, ist ein weiterer Risikofaktor.

Anti-Rauch-Training

1 Gehen Sie nach Möglichkeit zu einem Arzt, der selbst nicht raucht.

2 Wenn Sie es schaffen – viele Raucher konnten es –, dann geben Sie das Rauchen von heute auf morgen auf. Dazu gehört sehr viel Willensstärke, vielleicht besitzen Sie sie. Wenn Sie nicht so stark sind, beachten Sie die nächsten Punkte.

3 Sagen Sie allen in Ihrer Umgebung, daß Sie das Rauchen langsam, aber sicher einschränken werden. Schließen Sie ruhig Wetten ab, daß Sie es schaffen. Rauchen Sie ab sofort die Zigaretten nur noch bis zur Hälfte.

4 Rauchen Sie ab sofort nicht mehr am Arbeitsplatz, kauen Sie notfalls lieber Kaugummi, wenn Sie sich dadurch besser fühlen.

5 Wickeln Sie Ihre Zigaretten einzeln in Seidenpapier ein.

6 Wenn Sie geraucht haben, tragen Sie jeweils in Ihr Notizbuch ein, wie Ihnen die Zigarette geschmeckt hat. Bedienen Sie sich dabei der Noten 1–6: 1 heißt »sehr gut«, 2 »gut«, 3 »ungenügend«, 4 »mäßig«, 5 »ausgesprochen mäßig«, 6 »schlecht«. Sie werden bald merken, daß Sie nur sehr wenige Zigaretten mit Genuß rauchen. Beschränken Sie sich auf diese wenigen.

7 Übergeben Sie in der zweiten Woche die Zigaretten Ihrer Frau oder einem anderen Familienmitglied zur »Verwaltung«. Wenn Sie unbedingt rauchen wollen, lassen Sie sich immer nur jeweils eine Zigarette aushändigen. Auch Ihre Kinder können gute Sachverwalter sein.

8 Am Ende der dritten Woche sollten Sie auf diese sehr einfache und bewährte Weise Ihren Zigarettenverbrauch auf drei bis fünf reduziert haben. Überlegen Sie sich nun, ob es diese wenigen Zigaretten noch lohnen, das Risiko einzugehen, häufiger krank zu werden und früher zu sterben als Nichtraucher.

9 Geben Sie sich mehrmals in der Stunde Vorsätze wie: »Ich bleibe vollkommen ruhig und gelassen; kein Interesse am Rauchen; ich bleibe konsequent abstinent; ich bin mutig und frei; ich habe Vertrauen.«

10 Rechnen Sie damit, daß Sie zunehmen, wenn Sie das Rauchen aufgegeben haben, denn dann wird Ihr Stoffwechsel nicht mehr von den Giftstoffen der Zigarette angeregt. Schränken Sie daher den Verzehr von Fett und Kohlehydraten ein. Meiden Sie Süßigkeiten und kalorienhaltige Getränke, vor allem Alkohol.

11 Bewegen Sie sich ausreichend in frischer Luft.

12 Stellen Sie sich jedesmal, wenn Sie rauchen möchten, die Standardfrage aus dem PT: KANN ICH ES VERANTWORTEN, daß ich (jetzt) rauche?

Literaturauswahl

Achterberg, J.: Die heilende Kraft der Imagination. Scherz, München 1987

Angelé, K. H.: Deine tägliche Kneipp'sche Gesundheitspflege. Sanitas, Bad Wörishofen 1972

Baranowsky, W.: Mensch und Gesundheit. Bertelsmann Lexikon-Verlag, Gütersloh/München 1973

Bitter, W.: Magie und Wunder in der Heilkunde. Kindler, München

Bitter, W. (Hg.): Abendländische Therapie und östliche Weisheit. Klett, Stuttgart 1968

Bitter, W. (Hg.): Evolution. Fortschrittsglaube und Heilserwartung. Klett, Stuttgart 1970

Bühler, Ch.: Psychologie im Leben unserer Zeit. Droemer Knaur, München 1972

Cermak, I.: Ich klage nicht. Amalthea, Wien 1972

Cooper, K. H.: Bewegungstraining. Fischer Bücherei, Frankfurt 1970

Delius, L., Fahrenkrug, J.: Psychovegetative Syndrome. Thieme, Stuttgart 1966

Dittmar, F.: Zivilisation und Nervenkrankheiten. Nicolai, Herford 1969

Fromm, E.: Die Revolution der Hoffnung. rororo 6887, 1974

Gesundheit und Krankheit. Time-Life International 1966

Halhuber, M. J., Milz, H. P. (Hgg.): Praktische Präventiv-Kardiologie. Urban & Schwarzenberg, München 1972

Heipertz, W.: Sportmedizin. Thieme, Stuttgart 1972

Hittmair, A.: Der richtige Urlaub. Residenz, Salzburg 1972

Holtmeier, H.-J.: Diät bei Übergewicht und gesunde Ernährung. Thieme, Stuttgart 1972

Horney, K.: Der neurotische Mensch unserer Zeit. Kindler, München

Iranschähr, H. K.: Wie sollen wir meditieren? Bauer, Freiburg 1964

Lepp, I.: Hygiene der Seele. Herder-Bücherei, Freiburg 1967

Levi, L.: Society, Stress and Disease. Vol. I, Oxford University Press, London, New York, Toronto 1971

Levi, L. (Ed.): Emotional Stress. S. Karger, Basel, New York 1967

Lindemann, H.: Autogenes Training, 45. A., Mosaik Verlag, München 1989

Lindemann, H.: Suchtstoffe. v. d. Linnepe, Hagen 1971

Lindemann, H.: Allein über den Ozean. Ein Arzt in Einbaum und Faltboot. Delius & Klasing, Bielefeld 1990

Lindemann, H.: Einfach Entspannen, Psychohygiene-Training. 2. A., Mosaik Verlag, München 1985
Lindemann, H.: Das Autogene Training in extremen Situationen. In H. Binder: Zwanzig Jahre praktische und klinische Psychotherapie. Lehmanns Verlag, München 1973
Luce, G. G., Segal, J.: Schlaf Dich gesund. Goldmann, München 1972
Luchs, E.-M.: Yoga für jung und alt. Goldmann Nr. 9036, München 1973
Lu K'uan Yü: Geheimnisse der chinesischen Meditation. Rascher, Zürich und Stuttgart 1967
Lysebeth van, A.: Yoga für Menschen von heute. Bertelsmann Ratgeberverlag 1970
Maeder, A.: Selbsterhaltung und Selbstheilung. Kindler, München 1970
Mangoldt v., U.: Meditation und Kontemplation aus christlicher Tradition. Barth, Weilheim 1966
Mangoldt v., U.: Meditation, Heilkraft im Alltag. Barth, Weilheim 1966
Mangoldt v., U. (Hg.): Wege der Meditation heute. Barth, Weilheim 1970
Mellerowicz, H., Meller, W.: Training. Springer, Berlin 1972
Minsel, B. u. W.-R.: Seelische Gesundheit. Kölnische Verlagsdrukkerei, Köln 1972
O'Neill, D. (Ed.): Modern Trends in Psychosomatic Medicine. Butterworth & Co., London 1955
Roessler, R., Greenfield, N. S.: Physiological Correlates of Psychological Disorder. The Univ. of Wisconsin Press, Madison 1962
Richter, H.-E.: Eltern, Kind und Neurose. Klett, Stuttgart 1972
Richter, H.-E.: Flüchten oder Standhalten. rororo, Reinbek 1984
Schottstaedt, W. W.: Psychophysiologic Approach in Medical Practice. The Year Book Publ. Inc., Chikago 1960
Schultz, J. H.: Das autogene Training. Thieme, Stuttgart 1973
Selye, H.: Einführung in die Lehre vom Adaptionssyndrom. Thieme, Stuttgart 1953
Selye, H.: Streß beherrscht unser Leben. Econ, Düsseldorf 1957
Wohl, M. G., Goodhart, R. S.: Modern Nutrition in Health and Disease. Lea & Febiger, Philadelphia 1960
Wolff, H. G.: Stress and Disease. C. C. Thomas, Springfield 1953
Wöllzenmüller, F., Grünewald, B.: Die Gesundheitskarriere durch Ausgleichssport. Bertelsmann Ratgeberverlag, München 1973
Ziskind, E.: Psychophysiologic Medicine. Lea & Febiger, Philadelphia 1954

Register

T

U

V

W

Y

Z